C'est la vie!

A French Reader

C'est la vie!

A French Reader

Evelyne Amon

Boston   Burr Ridge, IL   Dubuque, IA   Madison, WI   New York
San Francisco   St. Louis   Bangkok   Bogotá   Caracas   Kuala Lumpur
Lisbon   London   Madrid   Mexico City   Milan   Montreal   New Delhi
Santiago   Seoul   Singapore   Sydney   Taipei   Toronto

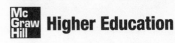

Higher Education

C'EST LA VIE! A FRENCH READER

Published by McGraw-Hill, an imprint of The McGraw-Hill Companies, Inc., 1221 Avenue of the Americas, New York, NY 10020. Copyright © 2005 by The McGraw-Hill Companies, Inc. All rights reserved. No part of this publication may be reproduced or distributed in any form or by any means, or stored in a database or retrieval system, without the prior written consent of The McGraw-Hill Companies, Inc., including, but not limited to, in any network or other electronic storage or transmission, or broadcast for distance learning.

1 2 3 4 5 6 7 8 9 0 DOC / DOC 0 9 8 7 6 5 4

ISBN 0-07-282412-3

Editor-in-chief: *Emily Barrosse*
Publisher: *William R. Glass*
Director of development: *Susan Blatty*
Marketing manager: *Nick Agnew*
Production editor: *Brett Coker*
Production supervisor: *Randy Hurst*
Manuscript editor: *Margaret E. Potter*
Design manager and cover designer: *Violeta Díaz*
Interior designer: *Anne Flanagan*
Photo research coordinator: *Alexandra Ambrose*
Photo researcher: *Judy Mason*
Cover and interior illustration: *Sally Sturman*
Compositor: *The GTS Companies/York, PA Campus*
Typeface: *10/12 Palatino*
Paper: *50# Sebago*
Printer and binder: *R.R. Donnelley, Crawfordsville*

Photo Credits
Page 3: © Laurent Delhourme / Getty Images; p. 14: © Owen Franken; p. 18: © Owen Franken; p. 33: © David G. Houser / Corbis; p. 40: © Yann Arthus-Bertrand / Corbis; p. 42: © Ulrike Welsch; p. 47: © Iconotec / Inmagine; p. 57: © Len Kaufman; p. 64: © Iconotec / Inmagine; p. 73: © Comstock / Punchstock; p. 85: © Ulrike Welsch; p. 100: © Gail Mooney / Corbis; p. 104: © Gibson Stock Photography.

Library of Congress Cataloging-in-Publication Data

Amon, Evelyne
    C'est la vie! a French reader / Evelyne Amon.
        p. cm.
    ISBN 0-07-282412-3
    1. French language—Readers. I. Title.

PC2117.A4225 2004
448.6'421—dc22

                                        2004054907

www.mhhe.com

Contents

Evelyne Amon
Caroline Nash, Louisiana State University, Baton Rouge

Préface

Enseigner en suscitant l'enthousiasme des étudiants pour la langue française et les cultures francophones: c'est à cette priorité que répond en premier lieu ce recueil de nouvelles.

À travers quatre histoires représentatives, les étudiants vont découvrir un monde francophone très contemporain, en compagnie de personnages qui leur ressemblent.

Tour à tour transportés aux quatre coins du monde par la magie de la francophonie, les lecteurs visiteront Paris, la Guadeloupe, Bruxelles, Montréal et Nice, en compagnie de jeunes gens qui, comme eux, se lancent dans la vie adulte. Quitter l'univers douillet de la famille, trouver un appartement et s'y installer, gérer un budget bien à soi, faire l'expérience du grand amour, s'investir dans l'amitié… tels sont les défis auxquels vont faire face Carole et Lulu, Magali, Antoine et Ulysse, Mathieu et Louis, Raphaël et Lucette.

Tous ces jeunes gens évoluent dans l'univers familier des étudiants: ils pourraient être leurs amis. Mais on les voit vivre dans le cadre d'une culture différente et parfois déroutante: la culture francophone. Aussi les lecteurs ne manqueront-ils pas de s'interroger devant leurs actions et leurs réactions: ils se demanderont « comment » et « pourquoi », ils s'étonneront, ils s'indigneront, ils prendront parti.

Les quatre nouvelles du recueil stimulent la parole écrite ou orale, favorisent les échanges, les discussions, les analyses. Rédigées dans une langue très accessible, elles offrent aux étudiants une œuvre de fiction adaptée à leur niveau de connaissance du français. En effet, l'écriture utilise le vocabulaire et la syntaxe étudiés dans le manuel de l'étudiant. Le niveau de langue est courant, les phrases courtes et le vocabulaire compréhensible. Dans le doute, le lecteur pourra toujours se reporter aux notes de bas de page ou au lexique français-anglais présenté à la fin de l'ouvrage.

Découpées en chapitres courts eux-mêmes décomposés en courtes unités, les nouvelles peuvent être lues par petites étapes. Au fil du texte, on trouvera une grande variété de discours: narration, portraits et descriptions, dialogues, conversations téléphoniques, lettres et e-mails qui capteront leur attention et stimuleront leur intérêt. D'une scène à l'autre, on passera du rire aux larmes, de l'anxiété au soulagement, en se demandant constamment: mais que va-t-il se passer?

Comment utiliser votre livre?

C'est la vie! est avant tout destiné à une lecture libre de toute contrainte pédagogique. Idéalement, l'étudiant doit pouvoir se plonger dans la lecture d'une nouvelle avec plaisir et sans difficulté, en classe ou à la maison.

Pourtant, si le professeur le souhaite, il pourra utiliser ce livre comme support de cours pour ses classes de première ou de seconde année, et prolonger la lecture-plaisir par un travail complémentaire. En effet, aux quatre nouvelles, s'ajoutent des activités écrites et orales destinées à évaluer la lecture de l'étudiant et à s'assurer qu'il en tire un maximum de profit.

Les activités se déclinent en quatre rubriques différentes:

- **Avez-vous compris?:** Ces activités permettent de s'assurer que l'histoire est bien assimilée.

- **Langage:** Cette partie oriente l'attention des étudiants sur « le parler jeune » ou sur les expressions idiomatiques et les proverbes qui font le charme du français.

- **Prenez la parole:** Ces activités encouragent les étudiants à engager des discussions, des débats animés et des jeux de rôle basés sur le texte.

- **Qu'en pensez-vous?:** Cette section encourage l'expression personnelle sur des problématiques de fond: là, on parle de l'amour, du bonheur, de la justice; on exprime ses idées personnelles, on évoque ses expériences et on compare la culture francophone avec la culture nord-américaine.

Les enseignants qui choisiront d'utiliser *C'est la vie!* en complément de leur programme de première ou de seconde année, trouveront particulièrement pratiques les **Notes et suggestions aux professeurs** proposées à la suite des quatre nouvelles. Cette section contient des informations culturelles qui enrichissent les détails de chaque histoire, des activités culturelles complémentaires et des sujets de recherche sur Internet, enfin des activités qui passent en revue le vocabulaire et les structures grammaticales utilisés dans chaque récit.

Dans tous les cas, nous espérons que les étudiants trouveront dans ce recueil un espace de rêve et de réflexion, une image attirante de la France et des pays francophones, une incitation au voyage.

Evelyne Amon

Preface

To teach by creating excitement about the French language and Francophone cultures is the goal that drove the creation of this collection of short stories.

In these four stories, students will discover a contemporary Francophone world through characters who resemble them. Transported by the magic of French language and culture, readers will visit, in turn, Paris, Guadeloupe, Brussels, Montreal, and Nice in the company of students and young adults like themselves who are just setting out in life. Leaving the security of the family circle to find an apartment and a roommate, defining and experiencing true love, testing the limits of friendship—these are some of the challenges faced by Carole and Lulu; Magali, Antoine and Ulysse; Mathieu and Louis; Raphaël and Lucette.

All of these characters interact in a world familiar to students—they could, in fact, be their friends. Students will see these characters, however, in the context of a different culture—Francophone culture—which will sometimes seem unfamiliar. Readers will not fail to question the characters' actions and reactions. They will ask "how" and "why." They will be surprised, indignant; they will take sides.

The four stories in the collection stimulate written and oral communication and encourage dialogue, discussion, and analysis. Written in accessible language using vocabulary and structures typical of most first- and second-year textbooks, the stories offer students a work of fiction appropriate for their language ability. The language is contemporary; the sentences are short and the vocabulary comprehensible. When in doubt, readers can refer to the glosses at the bottom of each page or to the French/English glossary at the back of the book.

Because each story is divided into chapters, which in turn are divided into sections, the stories can be read in stages. Throughout the stories, the reader will encounter a variety of types of discourse: narration, portraits, descriptions, dialogues, as well as phone calls, letters, and e-mails, which will engage their attention and stimulate their interest. From one scene to the next, readers move from laughter to tears, from anxiety to relief, always wondering what will happen next.

How to Use This Reader

C'est la vie! is, above all, designed to encourage students to read for pleasure in French. Ideally, they should be able to plunge themselves into the stories and read with enjoyment and ease either in class or at home.

However, if the instructor wishes, he or she can use the reader as a complement to an introductory-level or intermediate course, thereby enriching the students' reading experience through the use of the accompanying pedagogical materials. In fact, each story is followed by a set of oral and written activities that serves to evaluate students' reading comprehension, oral skills, and writing skills to ensure that they obtain the maximum benefit from their reading.

The student activities are divided into four different categories:

- **Avez-vous compris?:** The activities in this section are designed to verify students' comprehension of the plot and their understanding of the characters' personalities, motivations, and actions.

- **Langage:** This section focuses students' attention on authentic language used by today's French-speaking students and young adults or on idiomatic expressions and proverbs that lend a distinctive character to the French language.

- **Prenez la parole:** These activities encourage students to engage in discussions, debates, and role-plays based on the text.

- **Qu'en pensez-vous?:** In this section, students are asked to formulate their opinions, either orally or in writing, regarding the themes and underlying issues raised in each story—friendship, love, happiness, and justice. They are encouraged to express their own ideas, relate their own experiences, make judgments, and compare French and/or Francophone culture with their own.

Instructors who choose to utilise *C'est la vie!* in conjunction with their first- or second-year programs will find the **Notes et suggestions aux professeurs** that follow the fourth story particularly useful.

This section contains informative cultural notes that enrich the details of each story, additional cultural activities and Internet research topics, as well as activities that review the vocabulary and grammatical structures presented in the stories.

We hope that students will find in this collection of stories an appealing image of France and the Francophone world, a place to dream and reflect, and the inspiration to travel.

Evelyne Amon

Porte ouverte

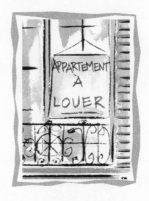

Chapitre 1

Vive la liberté!

Caen, le 4 juillet. Il est 11 h 30.

—Carole, tu es sur la liste! Ça y est! Tu as ton bac![1] Tu entends? Carole!

Aujourd'hui, c'est le grand jour: les résultats du bac.

Une foule[2] compacte se presse devant les portes du lycée Victor Hugo. Sur de grandes pages blanches, les résultats sont affichés.[3] Certains candidats sont accompagnés de leurs parents, d'autres arrivent seuls. La confusion est indescriptible. On entend des cris de joie, des rires,[4] des protestations, des félicitations, des mots de consolation. Certains pleurent, d'autres s'impatientent; un jeune homme semble désespéré. La grande Élodie a poussé tout le monde pour arriver aux listes. Très nerveuse, sa copine Carole l'attend à quelques mètres.

La grande Élodie hurle[5]:

—Viens, je te dis; regarde, ton nom est là: 'Carole Tradin'. Tu l'as, tu l'as!

---

[1]le baccalauréat: *exam given at the end of high school in France*   [2]*crowd*
[3]*posted*   [4]*laughter*   [5]*yells*

La grande Élodie est la copine de Carole. Toujours habillée en noir, originale et énergique, elle est une amie fidèle, une vraie sœur qui partage[6] tout: ses secrets, ses tourments, ses espoirs, ses joies...

—C'est pas possible! Tu es sûre? Je suis trop contente! Fais-moi un bisou[7]!

Carole rit et pleure[8] en même temps; elle s'approche de la liste. Elle veut voir son nom, pour être absolument sûre. Pas d'erreur. Son nom apparaît bien sur la liste: « Carole Tradin, reçue, mention Bien[9] ». Vite, elle prend son téléphone portable dans son sac:

—Allô, papa? Oui, je l'ai! Avec mention, en plus! Peux-tu vérifier sur Internet? Téléphone à tout le monde! Je n'ai pas le temps d'appeler! Élodie m'attend.

Mais Carole fait une exception pour sa grand-mère qu'elle adore:

—Allô, mamie! Ta petite-fille est bachelière[10]!

Partout, on entend les mêmes mots prononcés sur des tons différents: joyeux, sinistre, incrédule: « Tu l'as? », « Je l'ai! », « Oui, elle l'a! », « Non, il ne l'a pas. », « Comment, il l'a? »...

■ Les résultats du bac sont affichés!

---

[6]*shares*   [7]*kiss*   [8]rit... *laughs and cries*   [9]reçue... *passed with honors*
[10]*student who has passed "le bac"*

Ce soir, dans la famille Tradin, on va boire du champagne. Et à la télévision, au journal de 20 heures, les journalistes présenteront[11] et commenteront les résultats. Parce que le bac, en France, c'est une affaire d'état.[12]

Une semaine après, Carole et sa mère sont dans le train en direction de Paris. Carole s'est inscrite à la faculté de Droit de Paris I, dans le 5ᵉ arrondissement.[13] Elle veut devenir avocate. Plus tard, elle veut se spécialiser dans le droit pénal pour défendre de grandes causes.

La faculté est proche du jardin du Luxembourg, au centre du Quartier latin, le quartier des étudiants. L'idéal serait[14] de trouver un appartement dans cette zone... Mais ça, c'est une autre histoire!

Mme Tradin regarde sa fille absorbée dans un livre de la collection *L'Étudiant*. Le titre: « Se loger » traduit les préoccupations actuelles[15] de la jeune fille.

Carole lit, la tête inclinée. Elle enroule ses cheveux blonds autour de son index gauche, marque chez elle d'une extrême concentration. Son regard bleu se pose sur la mère:

—Écoute ça, maman. 'Trouver un appartement à Paris: la galère.'[16] C'est mal barré[17]! Tu crois qu'on va trouver?

Une petite ride d'inquiétude[18] apparaît sur son front.[19] Mais sa bouche sourit.[20] Car Carole, fondamentalement, est une optimiste.

---

[11]*Editor's note: The verb* **présenteront,** *which means "will present," is an example of the future tense. The future is used to express "will do (something)." In most cases, this tense is formed by adding the endings* **-ai, -as, -a, -ons, -ez, -ont** *to the infinitive of the verb. For example, "I will share" =* **je partagerai;** *"he will leave" =* **il partira.** *Verbs with irregular future forms are glossed in this book.* [12]*affaire... Lit., government business, of great importance nationally* [13]*district (Paris is divided into 20 administrative districts.)* [14]*Editor's note: The verb* **serait,** *which means "would be," is an example of the conditional mood. The conditional is used to express "would." In most cases, this tense is formed by adding the endings* **-ais, -ais, -ait, -ions, -iez, -aient** *to the infinitive of the verb. For example, "I would eat" =* **je mangerais;** *"you would wait" =* **vous attendriez.** *Verbs with irregular conditional forms, such as* **serait,** *are glossed in this book.* [15]*present* [16]*Lit., rowing galley; really tough* [17]*C'est... It doesn't look good!* [18]*ride... frown* [19]*forehead* [20]*is smiling*

Elle a toujours de la chance et il lui arrive constamment des choses fabuleuses. Par exemple, la semaine dernière, elle a trouvé un billet de 20 euros par terre. C'est un signe du destin, non?

Elle continue: « Pour les futurs Parisiens, voici cinq conseils d'amis:

1° Se lever tôt, très tôt.

2° Acheter le journal *De Particulier à Particulier.*

3° Prendre une carte Orange.[21]

4° Mettre des chaussures confortables.

5° Se préparer à un marathon. »

Mme Tradin est calme. Dans son sac, elle a réuni les documents nécessaires à la signature d'un contrat de location: ses trois derniers bulletins de salaire, sa feuille d'imposition, son carnet de chèques.[22] Cette dentiste est une femme très organisée. Elle a pris trois jours de congé[23] pour escorter sa fille à Paris. Elle est tranquille: Carole présente toutes les qualités de la locataire idéale car elle est propre, ordonnée, agréable. En plus, Mme Tradin a lu dans un article du *Monde* consacré au logement des étudiants que les propriétaires favorisent les candidats jeunes accompagnés de leurs parents...

Dans le taxi qui roule vers leur hôtel, Carole explique:

—Tu comprends, maman, si je partage un appartement avec un colocataire, je me sentirai[24] moins seule. Un garçon ou une fille, ça m'est égal.

—Tu es sûre? Tu as bien réfléchi? N'oublie pas: tu n'aimes pas le désordre, tu détestes la saleté,[25] tu ne supportes pas le bruit...

C'est vrai, Carole aime les lits impeccables; elle déteste la vaisselle sale[26] dans l'évier,[27] les cheveux dans le lavabo,[28] la musique très forte...

Imperturbable, Carole continue:

—Nous avons besoin d'un salon et de deux chambres. Qu'en penses-tu? Nous partagerons la salle de bains. Une petite cuisine, ça

---

[21]*Parisian monthly transit pass*   [22]bulletins... *paycheck stubs, tax statement, checkbook*   [23]*vacation*   [24]*me... will feel*   [25]*dirt*   [26]*dirty*   [27]*kitchen sink* [28]*bathroom sink*

suffit. L'essentiel est d'avoir un frigo et un lave-linge. Le lave-vaisselle, c'est un luxe. Moi, je peux faire la vaisselle—avec des gants en plastique, bien sûr!

Mme Tradin rit intérieurement: Carole a été très gâtée[29] jusqu'à maintenant. Mais dans le futur, elle va devoir prendre des responsabilités, gérer[30] un budget. Et aussi, partager son espace avec un inconnu, faire les courses, la cuisine, le ménage, la lessive... L'expérience va être intéressante. Mme Tradin est assez contente de voir sa fille s'exposer aux réalités de la vie.

De son côté, Carole est heureuse: finie l'obligation de prendre ses repas en famille, de dire à quelle heure on rentre, de présenter ses amis et ses petits amis aux parents... Vive la liberté! Oui, mais en même temps, Carole est triste parce que tous ses amis vont se disperser: Élodie passe son bac l'an prochain et reste à Caen; certains vont à Lyon, à Marseille, à Nice, à Dijon. Quelques copains seront[31] sans doute admis dans une université parisienne, mais rien de sûr.

Au début, Carole imaginait habiter dans une chambre de bonne,[32] comme beaucoup d'étudiants, mais ensuite, elle a pensé à son confort: comment étudier, manger, dormir et recevoir des amis dans 12 m²?[33] Après en avoir parlé à Élodie, elle a pris la décision de partager un appartement avec un autre étudiant. Et pourquoi pas avec Élodie, l'an prochain, si elle réussit son bac?

La colocation,[34] c'est la solution miracle. Les Français si indépendants apprennent à partager leur espace de vie. Depuis un ou deux ans, la colocation est à la mode: c'est moins cher, plus convivial, confortable. Tous les journaux en parlent. Cette solution semble bien adaptée à Carole qui, pour ses parents, est encore une enfant. En plus, Mme Tradin pense que Paris est une ville dangereuse: un accident est vite arrivé, une mauvaise rencontre est toujours possible... Au moins, si Carole habite avec un colocataire, quelqu'un l'attendra le soir; elle pourra[35] discuter, sortir, partager ses repas, parler de ses problèmes. Oui, vraiment, cette solution correspond bien à la situation et à la personnalité un peu immature de Carole.

---

[29]*spoiled*   [30]*manage*   [31]*will be*   [32]chambre... *former maid's room in a French apartment building*   [33]12 m² = *129 square feet*   [34]*sharing a place*   [35]*will be able*

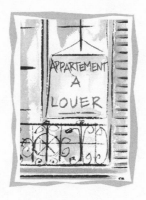

Chapitre 2

Le marathon de Paris

Après une bonne nuit de sommeil à l'Hôtel Dacia Luxembourg, boulevard Saint-Michel, Carole et sa mère s'installent à la terrasse de la brasserie le Balzar, toute proche. Il est tôt: 7 h 30. Les rues sont encore désertes; le café est presque vide; il fait frais.

—Mesdames? Un petit café?

Le garçon est jeune, souriant. Il porte un grand tablier[36] blanc autour de la taille.[37]

—Un café-crème, trois croissants et une tartine beurrée pour moi, demande Carole. Ce matin, elle a de l'appétit! Elle veut mordre[38] ses croissants et surtout, mordre dans la vie.

—Tu comprends maman, on doit prendre des forces. En plus, on n'aura[39] peut-être pas le temps de déjeuner.

Mme Tradin est plus raisonnable:

—Pour moi, ce sera simplement un thé.

Maintenant, il faut penser aux choses sérieuses. Carole et sa mère ouvrent le journal *De Particulier à Particulier*, la bible du

---

[36]*apron* [37]*waist* [38]*to take a bite of* [39]*n'aura... might not have*

■ Paris et ses arrondissements

logement. *Rubrique*[40]: « Offres de location, 3 pièces ». Peu nombreuses, les offres sont classées par arrondissement. Sur la table, Carole a fièrement[41] posé le nouveau téléphone portable que ses parents lui ont acheté pour son bac.

Carole et sa mère, la tête inclinée, commencent à lire les annonces. Les cheveux blonds de la fille se mêlent[42] aux cheveux noirs de la mère. Avec un stylo bleu, Carole note les annonces qui correspondent à ses critères de sélection. Avec un stylo rouge, elle souligne[43] les annonces particulièrement intéressantes:

—Écoute, maman: '1er arrondissement, métro Halles, duplex ensoleillé, 60 m^{2},[44] poutres apparentes,[45] tout confort, parfait pour étudiant.' Vas-y, téléphone!

—Non, le propriétaire demande d'appeler après 9 heures. Il est seulement 8 heures.

—Mais, maman, il faut téléphoner avant tout le monde!

—Non, non ma chérie, nous devons être courtoises. On appellera exactement à 9 heures.

La lecture studieuse continue.

—Regarde, cette annonce: '4e arrondissement, Marais, quartier Saint-Paul, ambiance village, nombreux commerces,[46] 3 pièces de caractère avec vue sur jardin, 3e étage, concierge et digicode,[47] 900 euros par mois, charges comprises.' C'est vraiment pas cher! Je téléphone!

Mais la ligne est déjà occupée…

—Et cet autre appartement, il est bien aussi déclare Mme Tradin: 'Quartier latin, 5e arrondissement, 3 pièces dans un immeuble haussmannien,[48] cheminées, parquet, sur rue et sur cour, cuisine équipée, entièrement rénové, 5e étage sans ascenseur.' Ah, dommage! Il est vraiment trop cher! 1 200 euros. À deux, ça fait 600 euros par personne. C'est trop pour ton budget!

Le budget de Carole a été strictement défini: M. et Mme Tradin donneront chaque mois une somme de 800 euros à leur fille pour toutes ses dépenses[49]: loyer,[50] électricité, livres, sorties. Une partie de son loyer sera remboursée par une aide au logement,[51] privilège très

---

[40]*Heading*   [41]*proudly*   [42]*se… mixes with*   [43]*underlines*   [44]60 m^{2} = 645 square feet*   [45]*poutres… exposed beams*   [46]*shops*   [47]*keyless entry*   [48]*architectural style of the 19th century*   [49]*expenses*   [50]*rent*   [51]*aide… government rent subsidy*

apprécié des étudiants français. Privilège? Non! Carole, comme beaucoup d'étudiants, pense que c'est normal.

Et pour améliorer[52] ses finances, Carole fera[53] du baby-sitting pendant l'année et travaillera au moins deux mois en été.

Carole compose le numéro de l'annonce du Marais. La ligne est libre!

—Allô, bonjour madame. Je suis intéressée par votre petite annonce. Est-ce que je peux avoir quelques informations complémentaires? Est-ce que l'appartement est clair[54]? Ah! Il est exposé sud! Il y a du soleil toute la journée! C'est merveilleux! Et le chauffage[55]? Chauffage au gaz! Impeccable! C'est moins cher que le chauffage électrique. Je suis très intéressée. Est-ce que je peux avoir un rendez-vous[56]? Oui, 16 heures cet après-midi, c'est parfait. Quelle est l'adresse? 40, rue de Beautreillis, métro Saint-Paul. Merci beaucoup, madame. À tout à l'heure!

Carole est enthousiaste:

—Ça y est, maman, c'est trop! On a déjà une visite! Je suis sûre que l'appartement est pour moi!

Pendant que Mme Tradin continue la sélection des annonces, Carole est au téléphone. Mais il faut de la patience car les lignes de ses correspondants sont constamment occupées. Dans tout Paris en effet, depuis les résultats du bac et plus généralement depuis les résultats des examens universitaires, des étudiants appellent les propriétaires et cherchent à obtenir des rendez-vous. Des pères, des mères, des frères, des sœurs, et même parfois des grands-parents forment une étrange armée de chasseurs[57] capables de tout pour aider leur bachelier préféré dans sa recherche d'appartement. Le journal dans une main, le portable dans l'autre, chacun persécute les propriétaires qui sont déjà au bord de la crise nerveuse.

Surtout, ne pas se décourager! Carole et sa mère continuent leurs appels[58] téléphoniques. Parfois, la voix anonyme et froide d'un répondeur ordonne de laisser un message: « Je suis absent. Laissez un message. » Carole imagine un propriétaire désagréable, colonel en retraite[59] ou vieux monsieur solitaire.

Quelquefois, la voix est agréable et le message plaisant: « Allô bonjour, bienvenue sur mon répondeur. Pouvez-vous laisser un

---

[52]*improve*   [53]*will do*   [54]*light*   [55]*heat*   [56]*appointment*   [57]*hunters*   [58]*calls*
[59]*en… retired*

message? C'est promis, je vous rappelle dès que[60] possible. » Certains messages sont pleins d'humour: « Allô, ce répondeur n'accepte que les compliments, les bonnes nouvelles[61] et les invitations à dîner. »

Mais que se passe-t-il[62]? Il est seulement 10 heures du matin et certains répondeurs sont déjà saturés d'appels! Carole, irritée, écoute des messages décourageants: « Ce répondeur ne prend plus de message. » Ou bien: « Vous appelez pour l'annonce? L'appartement est loué. » Pourquoi l'appartement est-il déjà loué puisque l'annonce vient juste de paraître? Ce n'est pas logique!

Pourtant, grâce à[63] leur persévérance, Carole et sa mère, à 11 heures du matin, ont une longue liste de rendez-vous dans tous les quartiers de la capitale.

———————————

—Bon, on y va?

Carole est impatiente.

Le premier appartement se situe rue d'Assas, dans le 6e arrondissement, vers la célèbre Closerie des Lilas, un bar-restaurant autrefois[64] fréquenté par les poètes et les artistes de Montparnasse.

La visite est fixée à midi, mais Mme Tradin conseille d'arriver à l'avance. Carole proteste:

—C'est ridicule! On n'a pas besoin d'être là-bas dix ans à l'avance! Le propriétaire ne sera même pas arrivé!

—Crois-moi, il y aura[65] déjà beaucoup de monde. Il faudra[66] faire la queue dans l'escalier.

—Vraiment maman, tu es exaspérante: tu sais toujours tout mieux que les autres!

Carole s'énerve.[67] Pourtant, il fait beau; le boulevard Saint-Michel commence à s'animer.[68] Des étudiants se promènent, libérés du stress de leurs examens; aux terrasses des cafés, on sert des petits déjeuners; des touristes s'arrêtent[69] pour acheter une crêpe ou une glace, pour regarder un plan de métro ou admirer l'architecture d'un immeuble.

La rue d'Assas est proche du boulevard. On n'a pas besoin de prendre un bus ou le métro. On ira[70] à pied, en traversant le jardin du Luxembourg. Le parc sent la campagne.[71] Carole, calmée,

---

[60]dès… *as soon as*   [61]*news*   [62]que… *what's going on?*   [63]grâce… *thanks to*
[64]*in the past*   [65]il… *there will be*   [66]*will be necessary*   [67]*gets worked up*
[68]*come to life*   [69]*stop*   [70]*will go*   [71]sent… *smells like the country*

prend le bras de sa mère et marche sous le soleil. Mentalement, elle arrange ses meubles et ses objets dans une chambre idéale: à droite, le lit; à gauche la petite table de nuit héritée de sa grand-mère; sur le mur, son grand poster de Médecin du Monde; par terre, son kilim[72] rapporté de Turquie; une lampe halogène... où placer la lampe?

Mais les voilà arrivées au 130, rue d'Assas, le lieu du premier rendez-vous. Elles ont vingt minutes d'avance, et déjà, deux personnes attendent devant la porte de l'immeuble: un jeune homme avec une valise et une jeune fille accompagnée de ses parents. On échange un bonjour poli: tous sont là pour visiter l'appartement. Carole regarde les autres candidats avec suspicion.

Un monsieur arrive: c'est le propriétaire. Calme et cérémonieux, il serre[73] la main des visiteurs. Bizarrement, il porte un imperméable alors qu'il fait un temps magnifique. À la fin de chaque phrase, il dit « n'est-ce pas » et Carole a envie de rire!

On monte à pied les cinq étages parce qu'il n'y a pas d'ascenseur. Personne ne parle. C'est impressionnant et solennel. Puis tout le monde entre dans l'appartement et se promène d'une pièce à l'autre en écoutant les explications du propriétaire. Les murs sont blancs, fraîchement repeints,[74] le soleil entre dans toutes les pièces. Une cheminée de marbre donne du style aux chambres. Carole, charmée, dit tout bas à sa mère: « C'est vraiment joli! Je me vois bien habiter ici. » Mais les autres candidats sont, eux aussi, très intéressés. Le jeune homme à la valise est même prêt à s'installer immédiatement. Déjà, il propose un chèque au propriétaire!

—Non, non, monsieur. C'est totalement prématuré. J'attends d'autres visiteurs et je prendrai ma décision ce week-end. N'insistez pas.

Déçus,[75] les candidats redescendent l'escalier en silence. En bas, on se dit « bonne chance » et chacun part à la rencontre de son destin.[76]

14 heures. L'appartement du 60, boulevard de Ménilmontant est situé juste en face du cimetière du Père-Lachaise, à côté d'un marchand d'objets funéraires.[77]

—Tu ne seras pas déprimée[78] avec tous ces morts en face de tes fenêtres? demande Mme Tradin.

---

[72]*woven rug*   [73]*shakes*   [74]*repainted*   [75]*Disappointed*   [76]chacun... *each one sets off to meet his destiny*   [77]objets... *funerary items*   [78]*depressed*

—Non, non, maman, ce cimetière ressemble plutôt à un jardin. Regarde tous ces arbres.

Mais l'appartement est mal disposé et très sale. La visite dure deux minutes.

—Quelle horreur!

Carole est indignée.

On retourne au métro en direction du Marais. Très vite, on mange un sandwich, et on se précipite au 40, rue de Beautreillis. C'est un magnifique hôtel particulier,[79] une maison de prince! Carole est en extase et Mme Tradin verrait[80] bien sa fille dans ce palais! À 16 heures, la propriétaire arrive. C'est une petite femme brune, très pressée.

—Vite, vite, j'ai une série de rendez-vous!

On doit visiter l'appartement en courant.[81] Carole a tout juste le temps de noter les plafonds[82] très hauts, la cuisine minuscule, les deux immenses chambres. Le parquet craque sous ses pas. L'appartement est merveilleux…

La propriétaire demande:

—Vous êtes intéressée? Bon, vous avez l'air d'une candidate sérieuse. Par courtoisie, je dois recevoir mes autres visiteurs, mais je pense que nous pouvons signer un contrat de location. Laissez-moi votre dossier, je vous confirme notre accord ce soir, vers 20 heures. C'est promis.

Ça y est! Ç'est bon! Quelle chance! L'appartement est pour Carole, c'est certain:

—Maman, je n'ai pas envie de visiter l'appartement de l'avenue de la Grande-Armée. C'est vraiment trop loin de la fac.[83] Qu'en penses-tu?

Mme Tradin est perplexe. Pour elle, un contrat qui n'est pas signé n'existe pas. Mais la dame pressée a l'air tellement sûre d'elle…

—Bon, tu as sans doute raison. On va rentrer à l'hôtel, prendre une douche et célébrer l'événement dans un petit restaurant du Quartier latin.

---

[79]hôtel… *former private residence*   [80]*could see*   [81]en… *running*   [82]*ceilings*
[83]fac(ulté) *university*

■ Un bel hôtel particulier
dans le Marais

Deux jours après, Carole et sa mère attendent encore l'appel télé-phonique de la propriétaire pressée. Elle n'a jamais appelé, jamais répondu aux messages laissés sur son répondeur. Mère et fille sont épuisées[84]: elles ne comptent pas les étages qu'elles ont montés, les portes qu'elles ont ouvertes, les métros et les bus qu'elles ont pris. Quel marathon! Un propriétaire est autoritaire comme un général d'armée, un autre joue le Don Juan[85]; beaucoup posent des questions sans écouter les réponses, certains font des interrogatoires policiers.

Découragée, Carole imagine des choses terribles: habiter à l'hôtel, renoncer à la colocation, vivre[86] seule dans une chambre de bonne… Et le lendemain[87] sa mère doit retourner à Caen pour son travail…

Mais il y a encore un dernier appartement à visiter, dans le 11e arrondissement.

À 18 heures, l'heure du rendez-vous, le soleil brille encore car c'est l'été et les journées sont longues. Carole et sa mère arrivent devant le numéro 142 de la rue Saint-Maur. Tiens, il n'y a pas de queue? Est-ce que c'est vraiment la bonne adresse?

---

[84]*exhausted*   [85]joue… *acts like Don Juan, seductive*   [86]*living*   [87]*next day*

Une grande dame blonde avec des sandales rouges et une robe à fleurs arrive en courant:

—Pardon! Est-ce que je suis en retard ou en avance?

C'est Mme Tomasi, la propriétaire. Elle est complètement perdue dans la liste de rendez-vous, mais elle rit, décontractée.[88] Et puisque[89] Carole et sa mère sont là les premières, elle leur montrera immédiatement l'appartement.

C'est une ancienne fabrique[90] de meubles, située au rez-de-chaussée d'un petit immeuble de deux étages. Il sent la peinture[91] fraîche. Les trois pièces sont très claires. Les fenêtres donnent sur une grande cour pavée plantée d'arbres, de plantes et de fleurs; l'atmosphère est provinciale.[92]

—Le quartier est en pleine rénovation, explique la propriétaire. Dans le passé, le 11e arrondissement était[93] habité par des artisans, mais aujourd'hui, la population a changé. Il y a plein[94] de restaurants et de bars branchés,[95] beaucoup de librairies. Les jeunes adorent! Les bobos[96] arrivent, eux aussi. Ils achètent des lofts!

Et Mme Tomasi rit, sans raison.

« Elle est super hilarante, cette femme », se dit Carole en regardant sa mère d'un air complice.[97] En ce qui concerne l'appartement, il est génial. Malheureusement, comme d'habitude, la propriétaire veut réfléchir: elle a d'autres visites… Mais, au moment où Carole la salue, elle lui demande:

—Une dernière question: est-ce que vous fumez?

—Absolument pas. Je déteste les cigarettes et la fumée!

Sur cette question indiscrète, Mme Tomasi ferme la porte.

—Tiens, passe-moi la crème solaire, s'il te plaît.

Sur la plage de Sainte-Maxime où elle passe ses vacances, Carole se fait bronzer,[98] détendue,[99] à côté de la grande Élodie, sa copine.

Les pieds dans le sable,[100] elle discute de son nouvel appartement! Car parmi les nombreux candidats de la rue Saint-Maur, c'est elle qui a été sélectionnée. En effet, Mme Tomasi apprécie les non-fumeurs!

---

[88]*relaxed* [89]*since* [90]*ancienne… former factory* [91]*paint* [92]*like a small town* [93]*was* [94]*lots* [95]*trendy, hip* [96]*bourgeois-bohèmes wealthy and nonconformist elite* [97]*conspiratorial* [98]*se… is tanning herself* [99]*relaxed* [100]*sand*

Fin juillet, Carole s'est installée dans son trois pièces. Elle a emporté avec elle un lit, des étagères, sa lampe halogène, sa table de nuit, ses livres et ses vêtements, quelques affiches, des photos.

—Comment allez-vous partager les dépenses, demande la grande Élodie qui joue les grandes sœurs alors qu'elle est plus jeune que Carole. Fais attention aux arnaques[101]!

—Alors là, crois-moi, je vais faire attention! Je n'ai pas envie de me faire avoir[102]! On va partager les dépenses: loyer, charges, électricité, chauffage, taxe d'habitation, assurance, abonnement téléphonique[103] et accès illimité Internet haut débit ADSL...[104]

—Dis donc, si tu habites avec un garçon et que sa petite amie vient tous les soirs? Ou le contraire: si tu habites avec une fille et que son petit ami s'installe chez vous? Que vas-tu faire?

—Attends, j'ai préparé un règlement. Qu'est-ce que tu en penses? Écoute:

1° Non aux petits amis ou aux petites amies qui s'installent.

2° Pour le ménage, on est deux.

3° Les courses: chacun son tour.

4° Les bons comptes[105] font les bons amis.

5° Mon ordinateur: pas touche!

6° J'éteins[106] la lumière en partant.

7° Pot commun pour les produits de base.

8° Un soir par semaine, on dîne ensemble.

---

[101]schemes   [102]me... be taken advantage of   [103]taxe... renter's tax, insurance, phone service   [104]haut... high-speed DSL   [105]accounts   [106]turn off

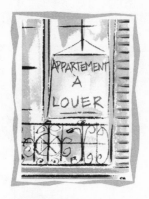

Chapitre 3

La perle rare

Jeudi 3 septembre. Pour Carole, c'est le grand jour. Il faut absolument qu'elle trouve un colocataire! Sinon, ce sera le régime pommes de terre et spaghettis pour faire face, toute seule, à un loyer de 900 euros par mois...

Heureusement, il y a les Jeudis de la Colocation, un système très branché, que tous les jeunes connaissent.[107] C'est une réunion organisée tous les premiers jeudis du mois entre les gens qui ont un appartement à partager et ceux qui cherchent un logement. Ce mois-ci, la rencontre est organisée au Blue Bayou, un restaurant louisianais situé juste à côté de chez Carole, au 111, rue Saint-Maur.

À 20 h 30, le restaurant est plein.[108] Des groupes jeunes et joyeux parlent fort, sur un fond[109] de musique cajun.

À l'entrée, une jeune fille accueille les participants. Sur son tee-shirt, on lit: « Coloc Angel ».

---

[107]*know*   [108]*full*   [109]*background*

■ Des spécialités louisianaises du Blue Bayou

—Bonjour! Bienvenue au Jeudi. L'entrée, c'est 7 euros. La boisson est incluse. Tu connais la formule? Tu inscris ton nom sur cette étiquette[110] et tu la colles[111] sur ton pull. Si tu as un appartement à partager, tu inscris la lettre *A*, si tu cherches un appartement, tu inscris la lettre *C*. Allez, salut! Bonne chance!

Carole entre dans la salle de restaurant. Tout le monde discute, négocie. « Qu'est-ce que c'est marrant[112] » pense-t-elle. Stimulée par cette ambiance plaisante, elle cherche les têtes sympathiques. Tiens, ce garçon aux cheveux longs, là-bas, il a l'air cool! Elle s'approche de lui. Dommage! C'est une lettre *A*!

Soudain, une jeune fille s'approche. C'est une petite brune, très maquillée,[113] qui avance avec des rollers aux pieds:

—Salut! Moi, c'est Karine, et toi?

—Moi, c'est Carole. Tu cherches un appartement?

—Oui, qu'est-ce que tu proposes?

Prévoyante,[114] Carole a préparé des photos de l'appartement. Elle les montre. Karine est enthousiaste. Déjà, elle choisit la plus grande des deux chambres.

---

[110]*label, tag*   [111]*stick*   [112]*funny*   [113]*made up*   [114]*Having foresight*

« Elle est trop, cette fille! » proteste Carole en silence. Et elle inscrit un petit signe « moins » sur sa liste. Manifestement, cette Karine est une égoïste et elle ne pense qu'à elle.[115]

Carole est très sollicitée parce que les offres d'appartement sont rares et les lettres *C* sont beaucoup plus nombreuses que les lettres *A*. Plusieurs candidats veulent l'approcher: « Montre! Montre! Eh, passe-moi les photos! »

C'est la confusion totale. On fait la queue devant Carole: « Attendez! Chacun son tour[116]! » Et s'adressant à un jeune homme, devant elle, qui porte une casquette rouge:

—Tu as besoin d'un appartement?

—Oui, ça urge,[117] tu sais! J'suis inscrit en Sciences de l'environnement. Mes cours commencent le 15 septembre et j'ai toujours rien trouvé. J'loge temporairement chez mon oncle.

De taille moyenne, il a le regard vif et fixe avec insistance Carole. Embarrassée, elle lui demande:

—Tu as l'expérience de la colocation?

—Non! Mais j'sais que c'est un bon moyen pour rencontrer du monde. J'suis tout seul à Paris. J'connais pas une seule nana.[118] T'as beaucoup de copines?

« Ça y est, j'ai compris! s'indigne Carole. Ce mec,[119] il ne manque pas de souffle[120]! Je ne suis pas une agence matrimoniale! Alors là, mon petit ami, si tu crois que je vais habiter avec toi, tu te goures[121] vraiment! »

Elle le regarde droit dans les yeux:

—Écoute, je ne suis pas là pour te trouver des copines. Adresse-toi ailleurs[122]!

Mais Jeannette arrive. C'est une jeune diplômée de Sup de Co Lyon, une grande école de commerce. Elle vient de signer un contrat avec L'Oréal et l'expérience de la colocation la tente.[123]

---

[115]ne... *only thinks of herself* [116]Chacun... *Take your turn!* [117]ça... *it's urgent* [118]*chick* [119]*guy* [120]ne... *has some nerve* [121]te... *are mistaken* [122]*elsewhere* [123]*tempts*

Carole lui pose quelques questions. C'est une fille un peu snob mais intéressante. Le gros problème, c'est qu'elle est végétarienne. Elle ne mange que des légumes, des fruits, du riz et des pâtes. Ça, Carole peut l'admettre. Mais Jeannette impose une règle tyrannique: JAMAIS de viande, de poisson ou de fromage dans la maison. Pour Carole qui adore bien manger, c'est inacceptable. Cependant, les deux jeunes filles échangent leurs numéros de téléphone. Même si on n'est pas d'accord sur la gastronomie, on peut être copines, non?

Tour à tour, Carole discute avec Yves, un macho qui est terriblement autoritaire; avec Géraldine qui veut absolument une femme de ménage[124] et avec Muriel, une étudiante grecque qui a toujours chaud et qui vit[125] les fenêtres ouvertes. Tous ces candidats-là posent problème. Alors comment trouver la perle rare?

Finalement, en fin de soirée, Carole, épuisée, fait la liste de ses rencontres. Elle a parlé au moins à quinze personnes! Assise à une table, au fond de la salle, elle consulte sa liste. D'abord, il y a David, étudiant aux Beaux-Arts. Il arrive du Québec. C'est un grand garçon, très sain,[126] sportif, bien dans ses baskets,[127] comme on dit. Il joue de la guitare. Ça serait intéressant de voir comment vit un Canadien. Lui, c'est une possibilité.

Il y a aussi Clara, une future actrice inscrite au Cours Simon. Vivre avec une artiste, ça doit être intéressant… En plus, Clara présente un avantage: elle a l'expérience de la colocation parce que l'année précédente, elle a partagé un appartement avec une étudiante allemande qui, maintenant, est repartie à Berlin.

Mais Lulu, le dernier candidat, a aussi ses chances. Cet étudiant en biologie a une qualité rare: il est sympathique. Derrière ses lunettes rondes qui lui donnent une allure d'intellectuel, son regard[128] est direct. Ses gestes sont précis, délicats. Ses ongles[129] sont très propres. « Il doit être très méticuleux », a pensé Carole, toujours attachée aux critères d'hygiène.

[124]femme… *cleaning lady*   [125]*lives (with)*   [126]*healthy*   [127]bien… *feels good about himself*   [128]*gaze*   [129]*fingernails*

Lulu vient vers elle avec un grand sourire:

—Alors, j'ai eu une bonne note? Je suis 'bien sous tous rapports'[130]?

En plus, il a de l'humour! Carole continue sur le même ton:

—Tu as tes chances mais la concurrence[131] est terrible!

—Tiens, je te laisse mon CV, ça peut toujours être utile! Et Lulu pose un document sur la table.

« Quelle idée bizarre, pense Carole. Je ne suis pas un employeur! » Ce Lulu est sûrement un excentrique…

—À plus![132] Tu m'appelles?

—Peut-être…

—————

Le lendemain, Carole doit rappeler l'un de ces trois candidats. Elle l'a promis. Rentrée chez elle, elle n'arrive pas à dormir. Pourtant, il est 2 heures du matin et elle a terriblement sommeil.

Dans sa tête, les noms tournent en rond: David? Clara? Qui aura-t-elle plaisir à voir en rentrant de la fac, le soir? David et Lulu sont des garçons: quand on n'a pas eu de frère, c'est peut-être plus difficile pour une fille de partager un appartement avec un garçon… Et cette Clara, elle a l'air tellement facile à vivre! Oui mais, David est canadien et Carole veut des expériences multiculturelles… Et ce Lulu, il a de la personnalité!

Carole s'endort sur ses incertitudes…

À 7 heures du matin, Carole appelle la grande Élodie qui n'est vraiment pas contente:

—Tu es folle[133] ou quoi? Tu as vu l'heure?

—J'ai un problème; je veux ton avis.

Carole lui raconte son « Jeudi de la Colocation »:

—À ma place, qu'est-ce que tu ferais[134]?

—Écoute, je ne suis pas à ta place. C'est toi qui vas vivre avec cette personne. Et en plus j'ai sommeil, je n'ai pas les idées claires.

—Élodie, sois[135] sympa. Je ne sais pas quoi faire.

—Choisis un quatrième candidat.

---

[130]bien… *perfect in every way (nice, good-looking, intelligent, etc.)*   [131]*competition*
[132]À plus (tard)! *See you (later)!*   [133]*crazy*   [134]tu… *would you do*   [135]*be*

—Mais non, je te dis que ces trois personnes sont très bien, trop bien peut-être… c'est mon problème!

—Demande à ta mère! Rappelle-moi tout à l'heure! Bisous.

Élodie raccroche.[136]

—Allô, maman?

—Ma chérie! Pourquoi appelles-tu si tôt? Il y a un problème?

—Non, non, rassure-toi.

Et Carole explique son dilemme.

—Tu sais, tu devrais[137] proposer la colocation à Clara. C'est sans doute plus facile de vivre avec une autre fille: elle peut être comme une sœur pour toi.

—Tu crois? Mais tu ne trouves pas que c'est intéressant de voir comment vivent les garçons?

—Ma chérie, je ne peux pas choisir pour toi. Écoute ton jugement. J'ai totalement confiance en toi.

—Bon… Tu as raison, je crois… Je vais encore réfléchir. Bisous, maman.

---

18 heures. Finalement, Carole a pris sa décision. L'avenir est maintenant clair.

Elle compose le numéro de l'élu.[138] Une voix féminine répond.

—Allô, est-ce que je pourrais parler à Lulu, s'il vous plaît?

—C'est de la part de qui[139]?

—De la part de Carole Tradin.

Quelques secondes passent…

—Allô? Bonjour. Lulu à l'appareil.[140] C'est toi, Carole? Ne me dis pas qu'on va vivre ensemble!

—Non, on ne va pas VIVRE ensemble, on va HABITER ensemble! Nuance. Tu es toujours intéressé?

—Et comment! C'est vraiment cool! Je suis super content! Tu verras,[141] tu ne le regretteras pas: je suis bien sous tous rapports!

—Je n'en doute pas!

—Mais dis-moi, pourquoi m'as-tu choisi?

—Parce que tu aimes faire la cuisine!

Carole et Lulu rient. La cohabitation commence bien.

---

[136]*hangs up on the line*   [137]*should*   [138]*chosen one*   [139]*C'est… Who's calling?*   [140]*à…*   [141]*will see*

Activités pour les étudiants

A. Avez-vous compris?

Répondez à ces questions par écrit ou oralement.

Chapitre 1

1. Pourquoi Élodie accompagne-t-elle Carole ce jour-là? Pourquoi regarde-t-elle les listes du bac à la place de son amie? Expliquez la réaction de Carole (elle rit et elle pleure en même temps).
2. Expliquez l'inquiétude de Carole. Que suggèrent les phrases « Trouver un appartement à Paris: la galère » [et] « C'est mal barré »?
3. Réalisez un portrait physique et psychologique de Carole à partir des éléments du texte. À votre avis, serait-elle (*would she be*) une bonne colocataire pour vous? Pour quelle raison?
4. Quels sont les sentiments contradictoires de Carole à l'idée de sa nouvelle vie? De son côté, que pense Mme Tradin?

Chapitre 2

1. Combien d'argent Carole va-t-elle recevoir chaque mois de ses parents? Cette somme vous paraît-elle (*does it seem*) suffisante? Insuffisante? Justifiez votre point de vue.
2. Comment Carole sélectionne-t-elle les annonces les plus intéressantes? Précisez ses critères de sélection. Que pensez-vous de l'organisation de Carole et de sa mère?
3. Que pense Carole de l'appartement de la rue d'Assas? De l'appartement du boulevard de Ménilmontant? De l'appartement de la rue de Beautreillis?
4. Carole et sa mère ont-elles raison d'arrêter immédiatement leurs recherches? Dites-leur ce que vous pensez de leur décision.

Chapitre 3

1. Expliquez le système des Jeudis de la Colocation. Pourquoi l'ambiance du café est-elle sympathique? Aimez-vous cette formule? L'équivalent existe-t-il aux États-Unis ou au Canada?

2. Quelles qualités et quels défauts Carole note-t-elle chez les candidats successifs: Karine, le jeune homme à la casquette rouge, Jeannette, Yves, Géraldine, Muriel? Est-elle trop difficile?

3. À votre avis, pourquoi Lulu laisse-t-il son CV à Carole? Quelles informations figurent habituellement sur un CV? Que peut découvrir Carole sur le candidat Lulu?

4. Récapitulez les arguments en faveur de David, de Clara et de Lulu.

5. Finalement, qui Carole choisit-elle? Pour quelle raison?

B.   Langage: « Le parler jeune »

Voici des mots et des expressions dont les jeunes se servent dans les écoles et dans les universités, à Paris ou dans les banlieues des grandes villes. En vous aidant du contexte, employez ce vocabulaire dans les phrases suivantes (parfois, deux solutions sont possibles).

la galère • se gourer • mal barré(e) • ne pas manquer de souffle • super hilarante • trop • trop content(e)

1. J'ai réussi le bac! Je suis _____!

2. Après le bac, tous les étudiants cherchent un appartement à Paris. Mais dans la capitale, trouver un appartement, c'est _____!

3. Notre recherche est _____: il y a très peu d'appartements vacants à Paris!

4. Elle me fait rire, cette femme! Elle est _____!

5. Cette propriétaire ne respecte pas ses engagements: elle est vraiment _____!

6. Ce garçon veut rencontrer des filles par mon intermédiaire: il _____!

7. S'il pense que je vais l'aider, il _____!

C.   Prenez la parole!

Vous avez partagé une aventure avec Carole et sa mère. Vous allez pouvoir maintenant exprimer vos sentiments sur ces personnages, sur leurs actions et sur leurs réactions. Avec vos camarades, engagez des dialogues, des discussions passionnées, des débats animés; devenez auteur et acteur à travers des jeux de rôle.

1. **Propriétaires et locataires.** Avec un(e) camarade, mimez le dialogue entre Carole et la propriétaire de l'appartement de la rue de Beautreillis. Imaginez les questions et les réponses de la propriétaire et de la candidate.

2. **Le règlement.** Discutez en classe chaque point du règlement que Carole proposera à son/sa future colocataire. Pour finir, écrivez avec un(e) camarade votre propre règlement.

3. **Interview pour rire!** Avec un(e) camarade, écrivez un dialogue comique entre Carole et Yves, Carole et Géraldine, Carole et Muriel ou Carole et vous. Puis jouez la scène devant la classe.

4. **Votre candidat(e) préféré(e).** Êtes-vous surpris(e) du choix de Carole? Personnellement, qui préférez-vous: David, Clara ou Lulu? Pour quelles raisons? Engagez un débat dans la classe: Les étudiants favorables à David, à Clara et à Lulu forment trois groupes qui donnent des arguments en faveur de leur candidat.

5. **Le couple Carole-Lulu.** Pensez-vous que Carole et Lulu peuvent cohabiter harmonieusement? Organisez un vote. Chaque groupe doit justifier son point de vue par des arguments.

6. **Mon cher journal (*diary*)…** La moitié (*Half*) de la classe rédige (*writes*) le journal intime de Carole pendant ces trois jours de recherche. L'autre moitié rédige le journal intime de Mme Tradin. Lisez et comparez les textes.

D. Qu'en pensez-vous?

L'histoire de Carole et de sa mère peut vous faire réfléchir à de nombreuses questions. Vous allez pouvoir ici exprimer vos idées personnelles, parler de vos expériences et comparer la culture européenne avec la culture nord-américaine. Répondez à ces questions par écrit ou oralement.

1. **Mon appartement idéal.** Quelles sont pour vous les qualités essentielles d'un appartement? Le quartier, l'espace, la clarté (*light*), la vue… ? Dans les appartements visités, est-ce qu'il y a des détails surprenants (*surprising*) ou choquants pour vous? Quel appartement préférez-vous? Pourquoi?

2. **La colocation et moi.** Comment les jeunes Américains recrutent-ils leurs colocataires? Racontez vos expériences personnelles et celles (*those*) de vos amis. Avez-vous déjà eu une mauvaise expérience de colocation? Que s'est-il passé? Racontez.

3. **Habiter avec un garçon ou avec une fille?** Quels sont les avantages et les inconvénients de partager un appartement avec un(e) colocataire du sexe opposé? Imaginez les arguments « pour » et les arguments « contre » dans chaque cas.

Tu danses?

Chapitre 1

L'île d'Émeraude

—Antoine, on peut aller en Floride? Ou au Venezuela?

Confortablement installée dans le Boeing 747 qui voyage entre Paris et la Guadeloupe, Magali a ouvert le magazine d'Air France. Fascinée, elle explore la carte du monde.

—Antoine, regarde: Miami n'est qu'à 1500 kilomètres de Pointe-à-Pitre et Caracas à 700 kilomètres seulement. On peut faire une excursion dans la journée. C'est une bonne idée, non?

—Tu exagères, ma Gali! On n'est pas encore arrivés et tu veux déjà partir! Attends d'être à la Guadeloupe: tu ne voudras plus bouger!

Magali (Gali pour Antoine qui lui a donné ce petit surnom d'amour) insiste:

—Dis donc, on va pas dormir sur la plage pendant quinze jours!

—Mais non! Te prends pas la tête[1]! On va visiter l'île, on va manger, on va danser, on va parler, on va… buller[2]!

—Arrête, Antoine! Tu es vraiment énervant[3]! Je te le répète: moi, je veux faire du sport.

---

[1]Te… *Don't worry!*   [2]*to relax, to do nothing*   [3]*irritating*

—Mais oui, c'est promis, on va faire du sport! On va aller à la pêche, on va partir en excursion. Allez, souris!

Mais Magali n'a pas envie de sourire. Cet Antoine, finalement, est-ce qu'il est vraiment l'homme idéal pour elle? Ils sortent ensemble depuis deux ans mais ils se disputent constamment. Ils ne sont jamais d'accord: elle, elle aime le mouvement; lui, c'est un contemplatif; elle, elle adore le cinéma, le théâtre, les expositions, le rap, le foot; lui, il préfère lire, discuter... Il a l'art de couper les cheveux en quatre.

Antoine observe Magali: elle est si intelligente, si vivante, si originale! On s'amuse tant avec elle! Et elle est tellement jolie avec ses petites boucles[4] noires qui tombent sur son front et ses yeux bruns qui brillent quand elle est en colère...[5]

—Gali, quand est-ce qu'on va vivre ensemble? Je t'aime, tu sais.

—Mais moi aussi, je t'aime, Antoine. Bon, écoute, maintenant on part en vacances. C'est pour changer d'atmosphère, pas pour parler du futur. On ne va pas tout compliquer avec des questions. On verra[6] bien...

Magali s'interroge sur ses sentiments: oui, elle aime Antoine... Il a de l'humour, il est cultivé et, en plus, il est « beau gosse[7] » comme disent ses copines. Toutes les filles sont amoureuses de lui. Elles admirent ses larges épaules,[8] ses yeux bleus sous ses sourcils[9] bruns... Mais alors, pourquoi cette résistance secrète et mystérieuse quand elle imagine faire sa vie sérieusement avec lui? Ces vacances, espère-t-elle, l'aideront à voir plus clair.

Soudain, on s'agite dans l'avion à la recherche d'un stylo: avant d'arriver à destination, les voyageurs étrangers doivent remplir des documents administratifs. Bientôt on se concentre: il faut écrire en lettres majuscules[10] et ne pas faire d'erreurs.

Pendant ce temps, Antoine et Magali se plongent dans leur guide de la Guadeloupe. La description de l'île les enchante: « Île aux Belles Eaux » ou « Île d'Émeraude », la Guadeloupe est posée sur les eaux bleues des Caraïbes comme un papillon[11] géant. Elle est composée de deux îles séparées par un bras de mer, « la Rivière salée ». La première île est la Basse-Terre, dominée par le volcan de

---

[4]*curls*   [5]*en... angry*   [6]*will see*   [7]*beau... handsome young fellow*   [8]*shoulders*   [9]*eyebrows*   [10]*capital, upper case*   [11]*butterfly*

la Soufrière; la deuxième est la Grande-Terre, le paradis des touristes avec ses cocotiers[12] et ses plages de sable blond.

C'est précisément là que Le Coralia attend Antoine et Magali. Situé à sept kilomètres de Pointe-à-Pitre, la capitale de l'île, cet hôtel quatre étoiles[13] présente tous les avantages d'un club de vacances.

Antoine lit la brochure et fait des commentaires enthousiastes:

—'Musclez-vous: sports à volonté.' 'Nagez comme un poisson dans l'eau: notre piscine olympique vous attend au milieu d'un parc tropical. Si vous préférez la plage, la mer des Caraïbes est située à quelques[14] mètres seulement de votre chambre.' 'Jouez les explorateurs: des excursions à gogo[15]! Le volcan de la Soufrière, la Marie-Galante, la Côte-sous-le-vent.' 'Oxygénez-vous': ça, Magali, c'est pour les grandes sportives comme toi. Écoute: 'Randonnées au petit matin,[16] ballades à la tombée de la nuit,[17] vélo sur les petites routes de campagne...!' Tu vas t'éclater[18]! 'Relaxez-vous: jacuzzi, massages, yoga, méditation...' Ça, c'est plutôt pour moi... 'Régalez-vous[19]': oh là là! Il y a quatre restaurants: 'La Réserve: barbecues, poissons, langoustes,[20] viandes et salades!'; 'L'Auberge des amoureux: pour échanger des mots d'amour en mangeant de bons petits plats'; 'Le Buffet-roi': c'est pour toi! Tu adores les salades!; 'Les Gastronomes des Caraïbes: toutes les spécialités créoles des Antilles!' C'est pour moi! Pour comprendre une population, apprécier une culture, il faut goûter[21] la cuisine locale. Tu savais ça?

—Mais oui, je sais ça! Continue!

—Bon. Maintenant, les soirées: 'Éclatez-vous: la nuit, animations musicales, soirées à thème, ballet folklorique, pianiste à partir de 21 h 30 dans notre discothèque « Le Sucrier ».'

Magali, on va bien s'amuser!

—Et tout cela pour 600 euros, deux semaines, tout compris! C'est génial[22]!

Tout a été décidé un soir de juillet, sur le site de Lastminute, l'agence de voyage Internet qui solde[23] des vols et des séjours au dernier moment. On clique et toutes sortes de bonnes affaires[24] apparaissent: une semaine en Chine pour le prix d'un sac Gucci, un

---

[12]*coconut trees*   [13]*stars*   [14]*a few*   [15]à... *galore*   [16]*au... early in the morning*   [17]à... *at nightfall*   [18]*to have a ball*   [19]*Treat yourself*   [20]*rock lobsters, crayfish*   [21]*to taste*   [22]*brilliant, terrific*   [23]*discounts*   [24]*deals*

vol Paris–New-York pour le prix d'un Paris–Marseille en TGV: ça vaut la peine![25] Mais il y a une seule difficulté: quand la proposition apparaît sur l'écran,[26] il faut prendre une décision immédiate. La transaction a été faite avec la collaboration active de Magali: « Vas-y! Clique, je te dis! Dépêche-toi, la proposition va disparaître! Inscris[27] le numéro de ta carte de crédit! Allez, ne réfléchis pas dix ans! Il n'y a aucun risque: le système est sécurisé! »

Et voilà comment on achète du rêve[28] sur le Web au début du XXIe siècle!

Ce voyage est une récompense: Antoine et Magali ont réussi leurs examens et ils peuvent partir le cœur léger. Ils laissent derrière eux des semaines de révisions, un régime sévère de sandwichs et de cafés, des heures passées devant leurs livres, des nuits blanches,[29] des coups de fil brusquement interrompus (« Allô? Je n'ai pas le temps de parler! Je te rappelle! »). Sans parler de l'angoisse des résultats, après les épreuves[30] (« J'ai loupé[31] l'oral, j'en suis sûre. C'est une catastrophe… »).

Quelle année difficile! Pendant des mois, ils ont travaillé nuit et jour: pas de week-ends, pas de vacances, pas de sorties, pas de sport.

Après son bac, Antoine a fait une prépa[32] au Lycée Henri IV à Paris. Magali, de son côté, s'est présentée au concours d'entrée de médecine[33]: une compétition sans merci.

Mais ça valait la peine parce qu'Antoine a été admis à HEC,[34] l'école de commerce la plus prestigieuse de France et Magali a réussi son entrée en médecine. Plus tard, quand elle sera cardiologue et quand Antoine sera le directeur d'une grande compagnie internationale, ils diront: « Tu te souviens[35]? On a galéré comme des fous[36]! Mais après, il y a eu la Guadeloupe! »

—Gali, attache ta ceinture! Tu n'entends pas? On va bientôt atterrir!

C'est vrai, l'avion descend. Les hôtesses passent dans les couloirs pour vérifier que tout est en ordre. Le nez sur le hublot,[37] Magali admire la perspective sur l'île:

—C'est beau, Antoine! C'est tout bleu! Je vois les plages! Regarde, Antoine, regarde! C'est vraiment sublime!

---

[25]vaut… *is worth the trouble* [26]*screen* [27]*Fill in* [28]du… *dreams*
[29]nuits… *sleepless nights* [30]*exams* [31]ai… *flunked* [32]*preparatory course*
[33]concours… *medical school entrance exam* [34]école des Hautes Études Commerciales [35]te… *remember* [36]a… *worked like crazy* [37]*window (of a plane or boat)*

Chapitre 2

Ulysse

L undi matin, Antoine et Magali sont déjà à la plage. Lui, sur sa chaise longue, dort d'un œil et de l'autre, admire Magali. Elle, pleine d'énergie, s'enduit de[38] crème solaire, de la tête aux pieds, avant d'aller dans l'eau. Elle est bien jolie dans son nouveau maillot de bain acheté chez Cécilou, la boutique du Coralia. (Antoine: « Je te l'offre! J'ai envie d'être gentil. Dis-moi que tu m'aimes! »)

À côté d'eux, sont installés leurs nouveaux copains.

Vanessa vient de Dijon. C'est une jolie jeune fille rousse très coquette qui cache[39] ses grands yeux verts sous des lunettes de star.

Avant d'aller se baigner,[40] elle vérifie son maquillage[41] et Magali est perplexe:

—Pourquoi est-ce que tu te maquilles[42] avant de te baigner?

---

[38]s'enduit… *coats herself with*   [39]*hides*   [40]se… *swimming*   [41]*makeup*
[42]te… *putting on makeup*

■ La planche à voile sous le vent de la Guadeloupe

Vanessa répond en riant:

—Tu sais, on peut faire toutes sortes de rencontres dans l'eau…

Antoine questionne finement:

—À quoi tu penses? Un sous-marin, un requin,[43] un homme?

Mais Vanessa a des principes:

—On doit toujours essayer de plaire: même[44] à un poisson!

Il y a Jules, aussi. Ce grand brun vient de Lille, la capitale des moules[45] et des frites. Il est toujours habillé de noir (même son maillot de bain est noir). « Ça me donne un air romantique et mystérieux. Les filles adorent ça. Elles sont toutes amoureuses de moi. Qu'est-ce que vous voulez, je suis irrésistible! Ma mère et ma grand-mère me le disaient déjà quand j'étais petit! »

Et enfin, il y a Hugo, un garçon exubérant, plein d'humour et très provocateur. Il habite à Marseille. Son ego est énorme. Toutes ses phrases commencent par « moi, je »: « Moi, je pense qu'il faut provoquer pour faire réagir[46] les gens »; « Moi, je pense que le mensonge[47] est une forme de politesse: on évite de blesser[48] les gens qu'on aime »; « Moi, j'aime les tomates, les voitures de sport et les blondes »; « Moi, je pense que les hommes ne sont pas faits pour le mariage ».

Des réactions, il en veut et il en a! Tout le monde proteste:

—Réac[49]! Macho! T'es trop nul[50]! T'as pas honte?

---

[43]sous-marin… *submarine, a shark*   [44]*even*   [45]*mussels*   [46]*react*   [47]*lying*
[48]évite… *avoid hurting*   [49]*Reactionary (s.o. who opposes progress and equality)*
[50]trop… *totally hopeless*

Et Antoine, bouleversé, interroge:

—Hugo, tu te moques de nous?

Seule, Magali ne prend pas au sérieux le provocateur. Elle, elle utilise l'ironie:

—Comme tu as raison, Hugo. Tu sais que tu es vraiment intelligent?

Un petit vent agréable passe sur la plage. « C'est trop bien! Dire qu'on est sous les tropiques! » pense Antoine. La mer, claire comme le cristal, offre une variété infinie de bleus; quelques nuages dessinent de jolis volumes blancs dans le ciel; parfois on entend le bruit sec[51] d'une noix de coco qui tombe sur le sable. La Guadeloupe tient ses promesses: c'est le paradis sur terre.

Le Coralia mérite bien ses quatre étoiles. Leur chambre—n° 303—est spacieuse, équipée d'air conditionné: un luxe extravagant pour des étudiants parisiens habitués à vivre avec un confort minimum! La salle de bains en marbre enchante Magali. Le balcon regarde la mer. En bas, dans le parc, la végétation exotique explose de couleurs vives: des fleurs rouges comme le sang,[52] violettes comme la robe des évêques,[53] jaunes comme les canaris. La piscine dessine un grand cercle turquoise au milieu de la végétation. À droite, on distingue le restaurant du Buffet-roi au milieu des bougainvilliers mauves; à gauche, les boutiques installées dans des cases[54] de style antillais avec des toits en paille.[55]

« Bon, on s'arrache[56]? On va manger? J'ai vraiment faim! » demande Jules.

Comme un seul homme, la bande se lève. Magali s'enveloppe d'un paréo, Vanessa vérifie son rouge à lèvres,[57] Antoine cherche ses chaussures. On prend la direction du Buffet-roi déjà très animé.

On s'installe autour d'une grande table ronde, sous les arbres. Puis on va explorer les différents buffets. Entre les salades, les viandes grillées, les poissons et crustacés,[58] les spécialités antillaises épicées,[59] Magali ne sait pas que choisir. Antoine veut goûter des plats inconnus: on est dans les Caraïbes; il faut manger des produits locaux.

Finalement, au bout de dix minutes, chacun revient à la table avec un choix très personnel. Antoine a posé dans son assiette des gombos[60] à la sauce tomate, un crabe farci[61] et du riz créole. Magali

---

[51]bruit… *dry sound*   [52]*blood*   [53]*bishops*   [54]*huts*   [55]toits… *thatched roofs*
[56]*split*   [57]rouge… *lipstick*   [58]*shellfish*   [59]*spicy*   [60]*okra*   [61]*stuffed*

a sélectionné une salade aux raisins secs, une sole grillée aux épices, des aubergines[62] à la vanille.

On est en pleine dégustation[63] quand soudain: « Pardon, est-ce que cette place est occupée? »

C'est une jeune fille blonde qui pose timidement cette question. Non, la place est libre.[64] Antoine se pousse légèrement[65] et la jeune fille s'asseoit[66] à côté de lui. La table est maintenant au complet avec six personnes.

—Qui vient choisir les desserts avec moi? demande Vanessa à la fin du repas.

—Moi, j'arrive! dit Magali.

Un quart d'heure après, les deux copines reviennent avec un assortiment de fruits exotiques: mangue, figue, noix de coco, pastèque, ananas, et carambole,[67] un fruit qui a un goût de bonbon.[68]

—On a résisté aux gâteaux, annonce Magali triomphalement. Mais pour accompagner le café, on vous a apporté une bouteille de rhum!

Antoine se penche[69] vers la jeune fille blonde assise à côté de lui:

—Tu veux un peu de rhum avec ton café?

—Non, merci, répond-elle. Et son visage devient tout rouge.

Après le déjeuner, on retourne sur la plage. Le soleil paralyse tous les mouvements. Antoine alterne lecture et natation; Magali discute avec Hugo qui prétend[70] être un grand sportif.

—Super! Tu sais qu'ici, on peut pratiquer tous les sports gratuitement? C'est dans la formule du « Tout compris ». Antoine ne veut pas bouger mais on peut faire quelque chose ensemble, si tu veux.

—Je te propose le volley-ball, suggère Hugo avec ferveur. Moi, je suis un champion du ballon.

—Non, je déteste les balles et les ballons. Je préfère la gym.

—Pas question! C'est ennuyeux et ringard,[71] déclare Hugo. Qu'est-ce que tu penses du vélo?

—T'es vraiment trop nul, Hugo! Tu penses que je suis venue jusqu'à la Guadeloupe pour faire du vélo?

—Et la planche à voile, tu ne crois pas que c'est une bonne idée? Ici, il y a du vent et pas trop de vagues.[72] Les conditions sont idéales.

---

[62]*eggplant*   [63]*On... They are enjoying their meal*   [64]*free*   [65]*se... moves over slightly*   [66]*sits down*   [67]*pastèque... watermelon, pineapple, and carambola (star fruit)*   [68]*candy*   [69]*se... leans*   [70]*claims*   [71]*outdated*   [72]*waves*

—Ah... ça peut être amusant! Viens, on va s'inscrire[73] au Bureau des sports.

Magali et Hugo traversent la plage brûlante[74] jusqu'au Bureau des sports. Quand ils reviennent, Magali s'inquiète[75]:

—Antoine, ça y est. Hugo et moi, on s'est inscrits à la planche à voile. On commencera demain. Mais toi, qu'est-ce que tu vas faire pendant ce temps?

—Rien de particulier. Je lirai, je regarderai la mer...

—Vanessa, tu voulais essayer le jacuzzi: pourquoi tu n'y vas pas demain avec Antoine?

—Bonne idée! Jules viendra avec nous! On se retrouvera tous[76] en fin d'après-midi pour un petit apéro![77]

Le lendemain,[78] mardi, les amateurs de planche à voile sont rassemblés à la Plage des sports nautiques. L'instructeur s'appelle Ulysse. « Comme le héros de *l'Iliade* », pense Magali soudain inexplicablement troublée à la vue de ce grand garçon très distant. Ulysse étudie l'écologie des milieux aquatiques à l'université d'Aix-en-Provence. Il travaille cet été à l'hôtel pour gagner de l'argent. D'un ton parfaitement professionnel, il explique les techniques de la planche à voile et les mouvements du vent. Puis, on fait une simulation sur le sable avant de mettre les planches sur l'eau. Hugo ne reste pas deux minutes en équilibre, il tombe à la première vague et reçoit la voile sur la tête.

« Tu es sûr que tu es doué[79] pour le sport? » demande perfidement[80] Magali.

En fin d'après-midi, Hugo et Magali retournent à la plage. Mais les chaises longues sont vides: les aventuriers du jacuzzi ne sont pas encore rentrés.

Magali décide alors de rejoindre Antoine. « Je vais le surprendre dans son bain; il va être tout content! » pense-t-elle.

Elle approche du bassin. Tiens, Vanessa et Jules sont déjà partis! Il n'y a que deux personnes dans l'eau. C'est un couple.

Magali reconnaît Antoine. Il est en grande conversation avec la petite blonde rencontrée au déjeuner.

« Antoine! Antoine! »

Mais Antoine n'entend pas.

---

[73]*to sign up* [74]*burning* [75]*worries* [76]*se... will all meet* [77]*aperitif, cocktail* [78]*next day* [79]*talented* [80]*treacherously*

Chapitre 3

Soirée créole

Ce soir, le Coralia organise une soirée créole au Sucrier, la disco-thèque en plein air. Magali a noué un carré[81] de madras autour de sa tête, comme les Antillaises; puis elle a croisé un grand châle[82] vert sur sa poitrine[83] et elle a superposé deux jupons.[84] Elle est superbe. Vanessa, les lèvres rouges et les yeux très noirs, porte des anneaux[85] créoles aux oreilles. Les garçons sont habillés de couleurs vives. Jules est en bleu, pour une fois! Le rhum servi en abondance favorise la bonne humeur: Hugo danse la biguine avec Magali qui rit en faisant tourner ses jupons.

Mais soudain, en fin de soirée, elle se retrouve isolée; les garçons ont disparu. Debout devant le bar, Vanessa, sous un projecteur, est en grande conversation avec un des musiciens antillais. Un peu désorientée, Magali lui fait signe pour la rejoindre, quand tout à coup, deux mains douces se posent sur ses épaules. Une voix[86]

---

[81]a... knotted a scarf   [82]shawl   [83]chest   [84]a... put on two skirts, one over the other   [85]rings   [86]voice

derrière elle murmure à son oreille: « Tu danses? » Surprise, elle se retourne vivement:

—Non.

Mais elle reconnaît Ulysse, l'instructeur de planche à voile.

—Oui.

Ulysse prend Magali dans ses bras. Elle ne sait pas quoi dire. Pourquoi ce garçon l'attire-t-il ainsi? Son cœur bat plus fort que le tambour[87] qui rythme la danse. Ulysse ne dit pas un mot mais Magali sent avec émotion ses mains posées sur elle. Ils sont si proches l'un de l'autre que ses cheveux s'accrochent[88] à sa chemise.

Bientôt Antoine réapparaît avec Jules et Hugo. Aussitôt, Ulysse abandonne Magali et, après un bref salut, disparaît dans la foule des danseurs. Il est tard… Un dernier verre de punch autour de la piscine et on rentre dans la lumière opaque du petit matin.[89] Magali s'écroule.[90] Mais Antoine, un peu ivre,[91] a encore de l'énergie pour une scène. Il reproche à Magali son amitié trop affectueuse avec Hugo et sa danse avec Ulysse:

—Tu le connais depuis quand, cet individu?

Régénérée par la dispute, Magali oublie qu'elle est fatiguée et répond avec irritation:

—Non, mais j'hallucine! De quel droit tu me fais des reproches? T'es vraiment nul de chez nul! On n'est pas mariés, tu entends! Je n'ai pas de comptes à te rendre.[92] Je fais ce que je veux avec qui je veux. Je suis libre. Et d'ailleurs, est-ce que je te demande, moi, ce que tu faisais dans le jacuzzi avec cette fille blonde?

C'est décidé, Antoine assistera au prochain cours de planche à voile. Il s'installe sur la plage des sports nautiques et regarde, de loin: Magali sur sa planche, Magali et Hugo, Magali et Ulysse…

Sans cesse, Hugo tombe à l'eau. « Cet Hugo, il est totalement ridicule, pense-t-il. C'est un vrai clown! » Et son regard se porte sur Ulysse. « Quel bel athlète! Mais qu'est-ce qu'il est antipathique! »

Magali part vers le large.[93] Elle file[94] sur les vagues et prend de la distance. Elle va loin, très loin, trop loin! Ulysse lui ordonne de

[87]*drum*   [88]*clings to*   [89]petit… *wee hours of the morning*   [90]*collapses*
[91]*drunk*   [92]n'ai… *don't owe you any explanations*   [93]*open sea*   [94]*flies*

revenir. Mais elle ne l'entend pas. À leur tour, Antoine et Hugo l'appellent: « Magali, reviennnnnns!!!! » Mais leurs voix se perdent dans le vent. Magali, toute petite à l'horizon, tombe à l'eau. Elle essaie de remonter sur sa planche; on voit qu'elle veut revenir sur la plage. Mais elle n'est pas une experte et ne sait pas orienter la voile dans la bonne direction.

Alors Ulysse n'hésite pas: il saute[95] dans un hors-bord.[96] En quelques minutes, il la rejoint, l'aide à sortir de l'eau. Elle monte dans le bateau. Ulysse enlève son tee-shirt, le donne à Magali. Elle le met. Un grand moment passe. L'imprudente et son sauveteur restent dans le bateau. Antoine et Hugo, debout sur la plage, regardent la scène:

—Mais qu'est-ce qu'ils attendent pour revenir? s'exaspère Antoine pendant que Hugo interroge:

—Qu'est-ce qu'ils font?

Finalement, Ulysse attache la planche au bateau et revient vers la plage. Magali toute souriante rejoint Antoine et Hugo. Elle porte toujours le tee-shirt d'Ulysse.

Aujourd'hui, la bande part en excursion au volcan de la Soufrière. On arrive en jeep, après plusieurs heures de voyage sur une route difficile.

On descend de voiture. Jules s'étire,[97] Magali et Vanessa baillent,[98] Antoine et Hugo sont en pleine forme, prêts pour l'ascension.

On avance dans un sentier[99] odorant, le Chemin des Dames. Les arbres, chargés de[100] fruits et de fleurs, sentent le caramel. L'air est chaud et humide. Les moustiques attaquent la peau[101] tendre des voyageurs.

On marche pendant trois heures. Les grands arbres laissent place à des arbustes[102] très verts, remplis de cris d'oiseaux et de bruits sinistres. Magali s'accroche à Antoine qui la précède et à Hugo qui la suit: elle a horreur des mystères de la nature. À droite, à gauche, devant et derrière elle, elle imagine des colonies d'insectes, des serpents, des animaux sauvages, prêts à l'attaquer.

---

[95]*jumps* [96]*outboard* [97]*stretches* [98]*yawn* [99]*path* [100]*chargés...
laden with* [101]*skin* [102]*bushes*

—Allez, n'aie pas peur! Il n'y a que des serpents à sonnettes et des mygales[103]! dit en riant Hugo.

—Pauvre type! T'es vraiment naze[104]! J'ai jamais entendu quelqu'un d'aussi ringard!

On monte très haut et l'atmosphère devient plus fraîche et plus humide. De temps en temps, on s'arrête pour boire et se reposer. En fin de matinée, on arrive au sommet: c'est une plate-forme couverte de pierres brûlées.[105] À certains endroits, la terre fume. On est à 1 467 mètres d'altitude! La vue est splendide:

—Regardez, explique l'accompagnateur: on distingue la Grande-Terre et la Marie-Galante. Et cette grande île que vous voyez à droite, c'est la Martinique. Ce point de vue est unique au monde.

L'émotion saisit le groupe. Antoine est plongé dans une méditation profonde. L'image d'Ulysse traverse l'esprit de Magali. Vanessa oublie d'admirer son joli visage dans le miroir et Hugo entoure les épaules de Jules dans un geste d'affectueuse camaraderie.

—Vous voyez, dit Antoine, le bonheur[106] est fait de petites occasions uniques et de moments d'exception.[107]

C'est vrai. Et c'est pourquoi chacun se souviendra[108] toujours de cette excursion au volcan de la Soufrière, de ces quelques heures exceptionnelles où tout a été partagé: les émotions, la nourriture et les rires.

■ Le volcan majestueux de la Soufrière

---

[103]serpents... *rattlesnakes and tarantulas*   [104]*stupid*   [105]pierres... *scorched stones*   [106]*happiness*   [107]*exceptional, special*   [108]se... *will remember*

Chapitre 4

Où est Antoine?

—Qu'est-ce qu'on fait, ce soir? demande Vanessa après une matinée à la plage et trois heures dans le jacuzzi.

—Il y a un buffet marin organisé au restaurant de La Réserve. Et ensuite, une soirée « Toi et moi » pour les célibataires,[109] répond Jules toujours à la recherche de l'âme sœur.[110] C'est vrai; je suis difficile. Je veux le grand amour ou rien. Je suis l'homme d'une seule femme.

Hugo:

—Tu me rends malade! Moi, je ne laisse pas passer une occasion. Sois un peu plus cynique, tu seras plus heureux!

—Célibataire ou pas, moi, j'y vais, déclare Magali.

—Si tu y vais, j'y vais, dit Antoine.

—Et moi aussi, déclare Hugo.

—Bon, on y va tous, évidemment! On va s'éclater! conclut Vanessa.

---

[109]*singles*   [110]âme… *soul mate*

41

■ Un beau plateau de fruits de mer

Le buffet marin offre ses trésors sur une douzaine de grandes tables disposées sur la terrasse du Coralia. Les crustacés et les poissons sont présentés sur des lits d'algues luisantes[111] et de fleurs multicolores.

Magali adore les fruits de mer. Elle se précipite, passe d'une table à l'autre, hésite et finit par revenir avec trois assiettes pleines! Dans la première, elle a disposé des huîtres[112] et des moules; dans la deuxième des crevettes, un crabe et une langouste; dans la troisième du thon grillé et des sardines épicées. « Les fruits de mer et le poisson, ça ne fait pas grossir, explique-t-elle aux garçons stupéfaits. En plus, c'est excellent pour la mémoire parce que ça contient du phosphore. »

Bien vite, elle abandonne sa fourchette et son couteau: on mange le crabe avec les doigts, tout le monde sait ça. Mais une pince[113] lui résiste. Elle s'énerve:

—Antoine, aide-moi, s'il te plaît. Est-ce que tu peux casser[114] cette pince?

—Tu vois, Gali, les hommes sont parfois utiles…

Magali mange avec appétit. Hugo remplit les verres de vin blanc.

Mais soudain, un signal secret la met en alerte. Elle sent que quelqu'un la regarde… Elle lève les yeux, cherche autour d'elle… Deux tables plus loin, Ulysse l'observe. Depuis combien de temps? Magali est soudain terriblement embarrassée. Les mains sales, au

---

[111]algues… *shiny seaweed*   [112]*oysters*   [113]*claw*   [114]*break*

milieu de toute cette nourriture, elle n'est pas à son avantage. « Il va croire que je suis une goinfre[115] », se désespère-t-elle. Dans sa bouche, le crabe, tout à coup, a un goût de papier mouillé.[116] Le vin blanc a perdu son arôme.

Ulysse baisse[117] les yeux.

Magali repousse son assiette: « Je n'ai plus faim. »

Au Sucrier, la soirée « Toi et moi » a un succès fou. Vanessa danse la biguine avec un Antillais; Magali, à moitié ivre, boit du punch avec Antoine et Hugo; Jules invite une fille, et une autre, et encore une autre. Le grand amour n'est pas au rendez-vous, semble-t-il… Pour stimuler l'ambiance, les animateurs proposent un jeu qui favorise les rencontres entre les célibataires: chaque fois que le mot « toi » ou « moi » apparaît dans une chanson, il faut abandonner son partenaire et se précipiter sur un autre garçon ou une autre fille, l'embrasser et continuer la danse avec cette personne.

« Et nous vivions tous deux ensemble toiiiii qui m'aimais et que j'aimais… » La belle chanson d'Édith Piaf fait exploser les couples.

Antoine et Magali sont séparés. Un grand blond trop parfumé prend Magali dans ses bras; une jeune fille en chemisier transparent se jette[118] sur Antoine. Tout en noir, comme d'habitude, Jules danse avec une dame pleine de bijoux.[119] Dans la confusion du jeu, tout le monde parle, rit, s'amuse. On échange des noms, on prend des rendez-vous avant d'être brusquement séparés par un « toi » ou par un « moi ».

Bientôt, on entend une chanson de France Gall: « Pense à moi; pense à nos vacances, au ciel bleu; pense à notre plage, à nous deux, à ce grand soleil, sur toi et moi… »

Magali se retrouve dans les bras de Hugo, qui la serre[120] très fort, trop fort.

—Hugo, contrôle-toi, s'il te plaît!

—Mais Gali, je suis parfaitement correct! Je danse avec toi, comme un bon petit garçon; c'est tout!

—Ne m'appelle pas « Gali », c'est réservé à Antoine!

Hugo se met à rire méchamment.[121]

---

[115]*pig*   [116]*wet*   [117]*lowers*   [118]*se… throws herself*   [119]*jewels*   [120]*squeezes*
[121]*spitefully*

—Antoine, toujours Antoine! Un de ces jours, tu vas avoir une bonne surprise avec ton Antoine! J'ai l'impression qu'il aime bien les petites blondes...

—Qu'est-ce que tu veux dire?

Mais Magali n'a pas le temps d'en savoir plus. Il faut changer de partenaire. Un petit monsieur à moustaches la prend dans ses bras et l'embrasse, presque sur la bouche! « Quel dégoûtant[122]! pense-t-elle. En plus, il a au moins cinquante ans! »

Jeudi matin, Antoine décide d'apprendre, lui aussi, la planche à voile. Il rejoint le cours des débutants. Impassible et parfaitement professionnel, Ulysse explique la technique aux nouveaux. Pendant ce temps, Magali et Hugo s'amusent comme des fous. Magali a compris comment attraper[123] le vent. Avec élégance, elle reste en équilibre sur sa planche. Hugo remplace la technique par la force et s'accroche à sa planche. Tous deux semblent voler[124] sur la mer et Antoine les envie.

Lui, il tombe constamment à l'eau. Il a froid; une crampe lui paralyse le pied droit. Bientôt épuisé, il renonce: « Bon, la planche à voile, ce n'est pas pour moi. Je préfère ma chaise longue. »

Après le cours, Magali et Hugo vont chercher leurs amis à la plage. Jules et Vanessa sont dans l'eau. Un livre ouvert est posé sur la chaise longue d'Antoine. Sa serviette est abandonnée sur le sable.

—Jules, Vanessa! Vous n'avez pas vu Antoine? demande Magali.

—Non!

Elle se tourne vers Hugo:

—Hugo, tu ne sais pas où est Antoine?

Mais Hugo regarde les nuages en sifflotant.[125]

Peu après, tout le monde se retrouve à la table habituelle pour déjeuner.

—Tiens, Antoine! Où étais-tu? demande Hugo. Magali t'a cherché partout.

—Je suis allé faire un tour à la piscine.

---

[122]Quel... *What a gross guy!*   [123]*to catch*   [124]*to fly*   [125]en... *whistling*

L'ambiance est détendue[126]; on parle des uns et des autres. Bientôt, arrive le tour d'Ulysse.

—Cet Ulysse, je ne peux pas l'encaisser.[127] Il prend des airs supérieurs avec tout le monde, explique Antoine.

—Pas avec Magali, dit Hugo. Il est plutôt sympa avec toi, n'est-ce pas Magali?

Elle ne répond pas.

—Il est vraiment odieux, continue Antoine. Qu'est-ce que tu en penses, Magali?

—Je n'en pense absolument rien.

—Moi, je le trouve craquant,[128] ajoute Vanessa. Son air énigmatique me plaît.

—Et toi, Jules, tu ne dis rien?

—Moi, sincèrement, je ne comprends pas ce que les filles lui trouvent.[129]

---

[126]*relaxed*   [127]*stand him*   [128]*irresistible*   [129]*ce… what girls see in him*

Chapitre 5

On verra bien!

Et les jours passent, les uns après les autres. Chacun vit sa vie.

Magali fait de la planche à voile du matin au soir. Prisonnière volontaire du Coralia, elle ne verra pas les petits ports de pêche de la Côte-sous-le-Vent, ni les plages désertes bordées de cocotiers gracieux, ni[130] les petits jardins de bananiers[131] qui agitent leurs grandes palmes vertes sous le ciel bleu.

Toujours curieux, Antoine explore la Guadeloupe. Souvent, tôt le matin, il laisse Magali dormir et prend l'autocar pour l'aventure.

Dans la campagne, les grandes maisons aux riches balcons et les cases modestes rappellent la culture créole du passé. Les champs de cannes à sucre[132] évoquent les multiples générations d'esclaves[133] qui ont travaillé à la richesse des « Isles à sucre ».

---

[130]ni… ni *neither . . . nor*   [131]*banana trees*   [132]champs… *sugar cane fields*
[133]*slaves*

■ Un joli village créole au bord de la mer

À Pointe-à-Pitre, la capitale, les minuscules maisons en bois s'opposent aux bâtiments imposants qui représentent officiellement la France. L'Hôtel de Ville,[134] le Lycée Carnot, l'Office du tourisme et la Banque de la Guadeloupe montrent leurs façades de pierre, avec l'arrogance des riches dames bourgeoises. Au cœur de la vieille ville, une population exubérante se promène dans les rues et les marchés.

Ce qu'Antoine apprécie le plus, c'est la vitalité et la joie de vivre des Antillais. Souvent, sur le continent, les Français sont tristes, angoissés, silencieux. Ici, la vie a le goût de l'ananas et de la noix de coco, le parfum de la vanille et des épices. Elle est rouge, verte, jaune, violette, comme le carnaval.

Secrètement, Magali s'étonne des[135] excursions solitaires d'Antoine. Parfois, elle a quelques soupçons...[136] Cette fille blonde dont[137] Hugo a parlé, l'autre jour... qui sait? Mais elle-même est en pleine révolution intérieure et doit faire face à la confusion de ses sentiments. Alors, elle prend une attitude fataliste: « On verra bien... »

Deux semaines, c'est vite passé! Le jour du départ arrive. Les vacances sont finies.

[134]*city hall* [135]*s'étonne... is surprised by* [136]*a... is a little suspicious*
[137]*about whom*

Antoine et Magali ont terminé leurs bagages. Ils tournent en rond dans leur chambre vide, illuminée de soleil. Malgré le ronron de l'air conditionné, ils perçoivent vaguement les cris joyeux des gens qui se baignent en bas dans la piscine.

—On y va? demande Magali.

—Allez, on y va.

Le lit ouvert semble leur dire adieu. Tout est redevenu anonyme dans cette chambre où ils ont été à la fois si heureux et si malheureux.

Discrets, les murs ne révéleront pas ce qu'ils ont vu et ne répéteront pas ce qu'ils ont entendu. Ils garderont les secrets d'Antoine et de Magali.

En bas, un bus attend. Tout le monde s'embrasse dans une ambiance de rires et de larmes.[138] Le Coralia salue ceux qui partent et se prépare à accueillir un nouveau contingent de visiteurs.

Hugo, Jules et Vanessa, qui restent une semaine supplémentaire, cachent leur tristesse sous une apparente gaieté:

—Allez-vous-en,[139] bande de traîtres! crie Jules.

Hugo cherche Magali:

—Mais où est-elle? Mais qu'est-ce qu'elle fait?

Elle arrive en courant:

—Oui, Hugo, c'est promis! On correspond par e-mails et on déjeune ensemble à Paris dans une semaine!

Bientôt, l'avion prend de l'altitude. Par les hublots, on voit des fragments de bleu: est-ce la mer ou le ciel? C'est le ciel parce qu'on est déjà au-dessus des nuages.

« Le monde est d'une pureté incroyable », murmure Antoine.

Bronzé, détendu et heureux, il serre contre lui la petite blonde qui a changé sa vie et médite sur les mystères du coup de foudre.[140]

Trois sièges plus loin, Magali a les yeux dans le vague.[141] Elle pense à Ulysse qu'elle va retrouver à Paris, en septembre, à la fin de la saison d'été.

---

[138]tears   [139]Allez-vous... *Get out of here*   [140]coup... *love at first sight*
[141]a... *is staring off into space*

Activités pour les étudiants

A. Avez-vous compris?

Répondez à ces questions par écrit ou oralement.

Chapitre 1

1. Qui sont Antoine et Magali? Que font-ils dans la vie? Décrivez leur personnalité et leurs goûts.

2. Quels sont les sentiments de Magali pour Antoine? Pensez-vous que leur couple est solide? Justifiez votre point de vue.

3. Pourquoi Magali et Antoine sont-ils si heureux d'être en vacances? Comment ont-ils passé l'année?

4. Où Magali et Antoine ont-ils trouvé ces vacances luxueuses et pas chères?

5. Quels sont les avantages du Coralia? Quels sports, quelles activités propose cet hôtel? Faites la liste des différents restaurants: lequel (*which one*) préférez-vous? Pourquoi?

Chapitre 2

1. Que pensez-vous des nouveaux copains d'Antoine et Magali? Dans tout le groupe, qui préférez-vous? Expliquez vos raisons.

2. Commentez les réactions du groupe aux provocations de Hugo. Ce garçon pourrait-il (*could he*) être votre ami? Pourquoi?

3. Qui est la jeune fille blonde arrivée à la table du groupe? À votre avis, va-t-elle devenir une nouvelle amie pour le groupe? Quel rôle va-t-elle jouer dans l'histoire?

4. Hugo est-il vraiment doué pour le sport? Pourquoi fait-il de la planche à voile?

5. Qui est Ulysse? Que fait-il dans la vie? Expliquez sa présence au Coralia. Comment interprétez-vous l'émotion de Magali quand elle le voit pour la première fois? Avez-vous déjà eu ce type d'expérience?

Chapitre 3

1. Décrivez les aspects les plus exotiques de la soirée créole. Pourquoi cette soirée est-elle importante pour la suite de l'action? Que se passe-t-il pendant la fête?

2. Complétez le portrait d'Ulysse avec les nouveaux éléments présentés dans ce chapitre. Ce jeune homme vous semble-t-il intéressant? Pourquoi?

3. Pourquoi Magali et Antoine se disputent-ils après la soirée créole? À votre avis, qui a raison? Pourquoi?

4. Magali est-elle vraiment en danger quand elle s'éloigne (*wanders away*) de la plage sur sa planche à voile? Pourquoi Ulysse saute-t-il dans son bateau? Imaginez ce que l'instructeur et son élève se disent pendant la scène du sauvetage.

5. Que se passe-t-il d'intéressant pendant l'excursion au volcan de la Soufrière? Quel nouveau trait de caractère découvrons-nous chez Magali?

Chapitre 4

1. Expliquez les points de vue de Jules et de Hugo sur l'amour. Avec qui êtes-vous d'accord?

2. Pourquoi Antoine essaie-t-il la planche à voile? Aime-t-il vraiment le sport?

3. Magali cherche Antoine. À votre avis, où est-il? Expliquez l'attitude de Hugo.

4. Quel est l'avis des filles sur Ulysse? L'avis des garçons? Discutez les différents points de vue en tenant compte de (*taking into account*) la psychologie et de la situation des personnages.

Chapitre 5

1. Que se passe-t-il entre Magali et Antoine? Comment la jeune fille occupe-t-elle ses journées? Que fait Antoine pendant ce temps?

2. Expliquez les doutes de Magali. Que pensez-vous de son attitude fataliste: « On verra bien… »?

3. Antoine visite la Guadeloupe: quels sont les charmes de cette île? Qu'apprécie-t-il le plus? Pourquoi Magali n'est-elle pas avec lui? Que fait-elle pendant les excursions d'Antoine?

4. Comparez la situation du jeune couple au début de l'histoire et à la fin: que s'est-il passé pendant les vacances?

B. Langage: « Le parler jeune »

Voici des mots et des expressions qu'utilisent les jeunes personnages de « Tu danses? » dans leurs conversations de tous les jours. En vous aidant du contexte, employez ce vocabulaire dans les phrases suivantes.

s'arracher • **craquant** • **s'éclater** • **halluciner** • **nul** • **se prendre la tête** • **ringard**

1. Pourquoi te compliquer la vie? Ne te _____!
2. Au Coralia, on peut pratiquer tous les sports: tu vas bien _____!
3. Toute la matinée à la plage, ça suffit (*that's enough*)! On _____?
4. Hugo pense que la gym; c'est démodé (*out, out of fashion*): il prétend que c'est _____.
5. Tu es un bon à rien! Tu es vraiment trop _____!
6. J'ai des visions: j'_____!
7. Je trouve Ulysse irrésistible: il est absolument _____!

C. Prenez la parole!

Maintenant, vous savez tout: Antoine et Magali s'aimaient, mais leur amour n'a pas résisté aux tentations du Coralia... Vous allez pouvoir exprimer vos sentiments sur ces personnages, sur leurs actions et sur leurs réactions. Avec vos camarades, engagez des dialogues, des discussions passionnées, des débats animés; devenez auteur et acteur à travers des jeux de rôle.

1. **Un dîner d'amoureux.** Les repas sont fabuleux au Coralia: ensemble, faites la liste des fruits, des légumes, des poissons et des boissons exotiques proposés aux vacanciers et composez un menu pour « L'Auberge des amoureux ». Avec un(e) camarade, jouez le rôle d'un jeune couple qui vient tendrement dîner dans ce restaurant... Un étudiant jouera le rôle du serveur.

2. **Pour ou contre?** Hugo n'aime pas Ulysse; Vanessa l'aime bien. Organisez un débat où deux étudiants s'opposeront sur ce personnage.

3. **Au cinéma.** Quels acteurs américains voyez-vous dans les rôles de Magali, d'Antoine, d'Ulysse, de Hugo, de la jeune fille blonde?

Par groupes de trois étudiants, proposez une distribution idéale en justifiant vos choix par des références précises à l'histoire. Comparez et discutez les propositions de chaque groupe.

4. **Un moment d'exception.** L'excursion au volcan de la Soufrière restera marquée dans les esprits. Avez-vous déjà partagé un moment d'exception avec des amis? Racontez cet épisode à la classe et répondez aux questions de vos camarades.

5. **Secrets.** « Discrets, les murs ne révéleront pas ce qu'ils ont vu et ne répéteront pas ce qu'ils ont entendu. Ils garderont les secrets d'Antoine et de Magali »: faites parler les murs de la chambre. Qu'ont-ils entendu?

6. **La fin de l'histoire.** Êtes-vous surpris(e) par le dénouement? Qu'aviez-vous imaginé? Pourquoi? Comparez votre scénario avec ceux (*those*) de vos camarades: quel est le scénario le plus original? Votez!

D. Qu'en pensez-vous?

L'histoire de Magali et Antoine vous invite sans doute à réfléchir… Vous allez pouvoir ici exprimer vos idées personnelles, parler de vos expériences et comparer la culture européenne avec la culture nord-américaine. Répondez à ces questions par écrit ou oralement.

1. **Vivre en couple.** Antoine et Magali sont très jeunes. Leur couple était-il condamné en raison de leur manque d'expérience? À quelles conditions un amour peut-il durer (*last*)?

2. **Comment et où rencontrer le grand amour?** La soirée « Toi et moi » est organisée spécialement pour les célibataires. Que pensez-vous de ce moyen pour rencontrer le grand amour? Comment les jeunes Nord-américains rencontrent-ils l'amour?

3. **Le coup de foudre.** Qu'est-ce que le coup de foudre? Y croyez-vous? Expliquez votre point de vue. Si vous l'avez déjà expérimenté (*experienced*), décrivez vos sentiments et vos réactions.

4. **Qu'est-ce que le bonheur?** Antoine dit que « le bonheur est fait de petites occasions uniques et de moments d'exception ». Donnez votre propre définition du bonheur.

5. **Les vacances.** Tous ces jeunes Français passent leurs vacances loin du continent européen, dans les Caraïbes. Ces îles exotiques vous attirent-elles? Quels pays avez-vous visités et quels pays rêvez-vous de visiter un jour? Décrivez vos vacances idéales.

Voilà!

Chapitre 1

Quand j'étais jeune...

—Dis-donc, Mathilde, tu as lu le journal? C'est incroyable! Maître[1] Blaise a été condamné à deux ans de prison! Tu sais, pour cette affaire de cartes de crédit falsifiées...

Toutes les têtes se lèvent: Mathilde Gerberon regarde son mari avec surprise; Jérôme, leur fils aîné, un grand garçon qui n'aime pas l'école, commence à rire; la petite Sonia, une adolescente de douze ans réajuste son appareil dentaire[2] avec sa langue[3] et déclare en zozotant[4]:

—Maître Blaise, ce vieux prétentieux? C'est bien fait pour lui; je le déteste.

Dans la cuisine des Gerberon, l'irrésistible soupe aux légumes— une des spécialités de Mathilde—dégage[5] un parfum de jardin. Ça sent le basilic et les carottes. Mais aujourd'hui, la soupe attendra, car les nouvelles sont passionnantes: Maître Blaise, le célèbre avocat, une figure intouchable de la justice belge, a été condamné comme un

---

[1]*form of address given to lawyers*   [2]appareil... *retainer*   [3]*tongue*   [4]*en...* *with a lisp*   [5]*gives off*

vulgaire criminel! Dans toutes les maisons de Bruges, on parle de l'événement.

—Alors, il a vraiment été condamné? C'est rassurant! Ça montre qu'en Belgique, les gens puissants[6] ne sont pas au-dessus des lois, lance Jérôme.

—Ne te réjouis pas devant[7] un homme qui tombe, conseille généreusement M. Gerberon. L'erreur est humaine.

Depuis deux ans, la presse en parle: Maître Valentin Blaise a été pris la main dans le sac. Cet homme riche, cet avocat respecté, ce père et ce mari irréprochable bien connu du public, était en réalité un escroc.[8]

Mme Gerberon regarde fixement son mari:

—Mathieu, je pense qu'on ne connaît jamais réellement personne. Chaque être[9] humain est une énigme; beaucoup de gens ont une double personnalité: un mari exemplaire peut cacher[10] un pervers; derrière un employé modèle peut se dissimuler[11] un maître de la corruption... Une épouse fidèle peut se doubler d'une aventurière...

—Parlant de doubles personnalités, ça me rappelle[12] une histoire qui m'a beaucoup marqué quand j'étais étudiant, dit M. Gerberon. Mais mangez votre soupe pendant que je vous raconte cet épisode de mon passé! Sinon, elle va refroidir[13]!

———————

—C'était à Bruxelles; j'avais 25 ans à l'époque. Je finissais mes études d'architecture. Je partageais un appartement avec un vieux copain d'enfance, Louis Seignez, un type brillant qui faisait une thèse d'histoire à l'université. Il avait une passion pour les manuscrits anciens. C'était d'ailleurs le sujet de sa thèse: « Manuscrits du Moyen Âge et premiers textes imprimés[14] ». Louis était un érudit, toujours plongé dans les livres. C'était le genre[15]collectionneur de timbres[16] ou chasseur de papillons.[17] Vous voyez ce que je veux dire?

---

[6]*powerful*   [7]*Ne... Don't take delight in*   [8]*crook*   [9]*being*   [10]*hide*   [11]*se...*
be concealed   [12]*me... reminds me of*   [13]*to get cold*   [14]*printed*   [15]*type*
[16]*stamps*   [17]*butterflies*

—C'est bizarre, papa, tu ne nous as jamais parlé de ce copain. Tu ne le vois plus? demande Sonia. Son regard curieux interroge avec insistance ce père soudain devenu intéressant.

—C'est une vieille histoire, tu sais… Il était un peu spécial, mais vraiment génial… C'était un colocataire très agréable. Discret, amusant, intelligent… Nous habitions un appartement à l'angle de la rue des Ursulines et de la rue Saint-Jean. À l'époque, ce quartier n'était pas très à la mode. Il y avait des touristes, mais pas trop. En tout cas, ils étaient plus discrets qu'aujourd'hui…

—Bon, papa, tu peux éviter le bla-bla et les préliminaires? Va droit au but,[18] s'il te plaît, raconte ton histoire! s'oppose Jérôme.

—Mais ces détails ont leur importance! Bon, je vois que ça ne vous intéresse pas… En résumé, je veux dire que Bruxelles apparte-nait encore[19] à ses habitants. Notre quartier, très central, était popu-laire, avec des étudiants, des familles et des personnes âgées. Je me souviens de la vieille madame Gaspard: elle habitait en dessous de chez nous. Elle….

—Papa, n'insiste pas! On vient de te le dire: ça ne nous intéresse pas! Continue ton histoire, c'est tout ce qu'on te demande!

—Vous ne comprendrez rien aux faits si je ne vous donne pas les éléments du décor! Mais, bon, puisque vous insistez… : les jour-nées étaient très bien organisées, continue M. Gerberon: le matin, on prenait rapidement un café et on partait, chacun dans sa direction. Moi, j'avais un travail fou[20] parce que je devais terminer un énorme dossier de fin d'études.[21] Louis allait à la fac deux fois par semaine pour un séminaire dirigé par son patron de thèse; il assistait à quelques cours; le reste du temps, il faisait des recherches à la biblio-thèque. Le soir, il rentrait parfois très tard parce qu'il travaillait pour financer ses études. Il avait trouvé un petit boulot[22] dans une école de langues: un soir sur deux, il donnait des cours de français à des étrangers.

On habitait en plein centre. C'était pratique pour lui parce qu'il avait un accès facile à la Bibliothèque royale de Belgique. Elle est située entre la Gare centrale et le Parc de Bruxelles, à côté de la Place

---

[18]droit… *right to the point*   [19]appartenait… *still belonged*   [20]travail… *crazy amount of work, tons of work*   [21]dossier… *final project*   [22]job

■ La Bibliothèque royale de Belgique à Bruxelles

royale. C'est la plus grande bibliothèque du pays; elle est très riche en manuscrits anciens.

—Je sais, on l'a visitée avec notre professeur d'histoire, s'exclame Sonia. Avec ma classe, on est allés dans la salle de lecture de la Réserve précieuse.[23] On a aussi exploré le labyrinthe des caves et les souterrains[24] qui passent sous la Place royale!

—Eh bien, attends! Tu vas aller de surprise en surprise!

[23]*salle... rare book reading room*   [24]*underground passages*

Chapitre 2

Mon pote[25] et moi

—Tout va bien entre Louis et moi. On est vraiment copains. On s'entend bien. C'est un vrai pote, facile à vivre, un peu secret, parfois étrange; mais, après tout, qui n'a pas son caractère[26]?...

Et M. Gerberon regarde Jérôme qui, concentré sur le récit de son père, ne répond pas à l'allusion.

Captivée par l'histoire, toute la famille écoute attentivement. Les cuillères sont posées sur la table; la soupe de Mme Gerberon refroidit mais personne ne s'en préoccupe: on veut connaître la suite.[27]

—Et puis, continue M. Gerberon, un jour, je commence à ressentir[28] une impression bizarre. C'est difficile à expliquer. C'est un peu comme un cheveu sur la langue, un certain trouble indéfinissable. Je me demande: qu'est-ce qui se passe? Et je suis incapable de répondre.

Louis devient étrange. Il part le matin avec un air mystérieux; il rentre le soir dans un état d'excitation suspect. Parfois, il ferme la porte de sa chambre et je l'entends déplacer[29] les meubles. Il parle

---

[25]*buddy* [26]*personality, character* [27]*rest* [28]*feel* [29]*moving*

tout seul ou bien il rit sans raison. J'ai le sentiment qu'il me cache quelque chose, mais quoi?

Un matin, avant de sortir, je regarde par la fenêtre. Il neige! Les toits[30] sont blancs, le ciel opaque. Je mets ma parka mais, au moment de sortir, je ne trouve plus mon écharpe. Où est-elle passée? Je cherche partout. Elle a disparu. Pour finir, je me dis que je vais en emprunter[31] une à Louis. Alors, je vais dans sa chambre. Elle est bien rangée, comme d'habitude, car Louis est très ordonné, presque maniaque! Je me dirige vers[32] le placard. J'essaie d'ouvrir la porte: elle résiste. Elle est peut-être coincée[33]? J'insiste... Non, elle est fermée à clé[34]!

Cette découverte me fait l'effet d'une douche froide! Ce n'est pas possible! Louis ferme la porte de son placard à clé? Il n'a pas confiance en moi? Je ne comprends pas: dans l'appartement, jusqu'à maintenant, tout a été partagé dans un climat de confiance et d'amitié. Que se passe-t-il? Toute la journée, cette question me tourmente.

—Quand Louis est rentré, ce soir-là, tu lui as demandé pourquoi il fermait son placard à clé? interrompt Jérôme.

—Papa ne pouvait pas lui poser une telle question! Il ne pouvait pas dire qu'il avait cherché à ouvrir le placard de son copain! C'est vraiment indiscret! Imagine la réaction de Louis!

—Non, je ne lui en ai pas parlé. Je n'ai pas voulu faire d'histoires.[35] J'ai préféré protéger le bon climat de la cohabitation. Mais je suis devenu suspicieux. Je me suis mis à observer Louis. Et j'ai commencé à noter des petits faits étranges. Un jour, par exemple, je rentre à l'improviste[36] dans sa chambre: la porte était ouverte. Dès qu'il me voit, Louis ferme brutalement le livre qu'il était en train de lire et le range dans un tiroir.[37]

—Peut-être qu'à l'intérieur du livre, il y avait une lettre de sa petite amie, suggère Sonia...

—Il n'avait pas de petite amie, répond M. Gerberon.

—Ou bien il regardait des photos compromettantes, insinue Jérôme.

—Moi, je crois qu'il était tout simplement en train d'étudier. Tu as interrompu sa lecture et il a fermé son livre machinalement... Ton

---

[30]*roofs*   [31]*to borrow*   [32]*me... go toward*   [33]*stuck*   [34]*fermée... locked*
[35]*faire... to cause problems*   [36]*à... unannounced*   [37]*drawer*

esprit soupçonneux[38] a vu dans ce geste un signe suspect. C'était simplement un mouvement naturel, explique Mathilde.

—Non, rien de tout cela, vous allez voir, dit M. Gerberon.

━━━━━━━━━━━━━━━

Un soir, en rentrant à la maison, je trouve sur notre répondeur téléphonique un message de Mme Seignez. Le grand-père de Louis a eu une crise cardiaque;[39] il est entre la vie et la mort. Louis doit partir au plus vite.

Mme Seignez habite à Ostende. En train, le voyage prendra environ une heure et Louis pourra arriver dans la nuit. Mais il faut le prévenir[40]!

Alors, je cherche le numéro de téléphone de l'École Garnier. C'est là que Louis donne ses cours de français. Il doit être dans sa classe. J'appelle. Une secrétaire répond. Je lui explique la situation. Mais elle ne me laisse pas finir: Louis Seignez n'a jamais fait partie de l'équipe pédagogique! Non, non et non: c'est une erreur, elle ne connaît pas de Louis Seignez. Elle s'énerve devant mon insistance et me raccroche au nez.[41]

Je suis stupéfait. Louis ment[42]! Il a une double vie! Où passe-t-il ses soirées? S'il n'est pas à l'École Garnier, où est-il? Et quand il va rentrer, dois-je lui dire que j'ai appelé son école? Il comprendra qu'il est découvert et il sera embarrassé. Peut-être a-t-il des problèmes? J'imagine alors toutes sortes de situations: Louis a une petite amie dont il ne veut pas parler... Il a une liaison avec une femme mariée... Ou pire[43] encore: il est impliqué dans un trafic de drogue! Qui sait? Mon imagination explose; j'invente des scénarios complètement fous.

Que faire? J'hésite à demander des explications à mon copain. Je dois respecter sa vie privée. Après tout, il est libre et n'a pas de comptes à me rendre! Mais en même temps, s'il a un problème, s'il est en danger, c'est mon devoir[44] de l'aider!

La porte s'ouvre. Louis rentre « de son travail ». Je lui demande comment s'est passé son cours. — « Comme d'habitude. Très bien. » Il commence à me donner des détails mais je l'interromps. Je lui dis

---

[38]suspicious   [39]crise... heart attack   [40]le... let him know   [41]me... hangs up on me   [42]is lying   [43]worse   [44]duty

qu'un message de sa mère l'attend sur le répondeur. Ensuite, les choses vont très vite: Louis téléphone à Ostende, explique à sa mère qu'il va prendre le prochain train, met quelques affaires de toilette dans un sac, me dit « au revoir », et part à la Gare centrale qui est juste à côté de chez nous.

Pendant quelques jours, Louis reste à Ostende. Il me téléphone régulièrement pour me donner des nouvelles de son grand-père. À chaque coup de fil, il me fait promettre de ne pas faire le ménage: c'est sa responsabilité et je ne dois absolument pas accomplir ce travail. Moi, je suis en charge des courses et c'est tout. À l'époque, je me souviens, je me dis: « Qu'est-ce qu'il est gentil, ce Louis! Il est un peu bizarre mais c'est quelqu'un de bien. »

Quelques jours passent… Louis me manque.[45] Je n'aime pas être tout seul dans l'appartement, même si je vois des copains le soir. Alors, quand Louis annonce qu'il rentre à Bruxelles, je suis tout content. En plus, les nouvelles sont bonnes: le vieux monsieur Seignez est sain et sauf[46]!

—Pourtant, je dois vous faire une confession. Pendant l'absence de Louis, j'ai exploré sa chambre.

—Non, mais j'hallucine! C'est pas vrai! Comment? Tu fouilles[47] dans les affaires de ton copain? Tu entres sans sa chambre, tu ouvres ses placards, tu lis ses lettres? s'exclame Jérôme, scandalisé.

—Oui… J'admets que ce n'est pas très élégant… Mais comprenez-moi: je ne voulais pas être indiscret; je voulais aider Louis. J'étais convaincu qu'il avait un problème. N'oubliez pas que je connaissais Louis depuis le lycée. C'était un type sincère, pur, pas compliqué. C'était un rat de bibliothèque… un vrai chercheur… Cette histoire de cours du soir qu'il avait inventée me tourmentait. Je voulais découvrir son secret pour mieux l'aider.

—Mais il ne t'avait rien demandé! Tu as quand même un sacré culot[48]! proteste Sonia.

—Mais n'a-t-on pas l'obligation d'aider un ami quand il est en difficulté?

---

[45]Louis… *I miss Louis.*   [46]sain… *safe and sound*   [47]*root around*   [48]sacré… *bloody nerve*

—Papa, tu ignorais[49] pourquoi Louis avait inventé son histoire de cours du soir! Tu IMAGINAIS qu'il avait un problème mais tu n'avais pas de PREUVES! Ça ne te donnait pas le droit de fouiller dans ses affaires!

—J'ai une autre idée du devoir d'amitié: je pense que si on a des doutes, il faut essayer de comprendre.

—Bon enfin, explique-nous: qu'est-ce que tu cherchais dans sa chambre?

—Je ne cherchais rien de particulier mais je voulais trouver un indice,[50] une indication claire.

—Et qu'est-ce que tu as trouvé?

—Rien.

---

[49]*didn't know*   [50]*clue*

Chapitre 3

Police!

Finalement, j'ai décidé de rester discret mais d'observer la conduite de mon ami. Et la cohabitation a continué dans une parfaite harmonie. Un soir sur deux, Louis rentrait très tard, me racontait en détails ses prétendus cours. Je faisais semblant[51] d'y croire; je lui posais des questions sur ses étudiants et il me répondait en me regardant droit dans les yeux.

—En fait, vous étiez deux hypocrites! remarque Sonia.

—C'est une interprétation possible, intervient Mme Gerberon. Mais dans la vie, il est parfois nécessaire de feindre.[52]

—Belle mentalité, commente Jérôme.

—Vous jugerez quand vous aurez toutes les cartes en main, répond M. Gerberon. Et vous allez voir que mon Louis est un drôle de coco[53]!

—Attends, Mathieu, je vais servir les moules. Finissez votre soupe!

---

[51]faisais… *pretended*   [52]*pretend*   [53]drôle… *odd sort*

■ Des moules, la grande
spécialité belge

Pendant quelques minutes, on entend le bruit cristallin des
cuillères dans les assiettes. La soupe est froide, mais elle est bonne!
Deux minutes après, Mathilde Gerberon pose une grosse marmite[54]
au milieu de la table: les moules dégagent un parfum exquis. Elles
ont cuit[55] dans un mélange[56] de vin blanc, d'oignons et d'herbes
aromatiques, conformément à la tradition belge.

—Mmmm! C'est bon! Tu devrais[57] ouvrir un restaurant, maman!

—Tais-toi,[58] Sonia, coupe Jérôme; laisse papa continuer!

Cet hiver-là a été très sympa et j'ai commencé à me détendre.
J'ai pensé qu'après tout, Louis devait avoir une histoire d'amour
un peu mystérieuse et qu'il ne voulait mettre personne dans la
confidence.

De son côté, Louis semblait décontracté; il était de bonne
humeur. Il progressait dans ses recherches. Il passait de longues
heures à la Bibliothèque royale, dans la salle de lecture de la Réserve
précieuse. Il m'expliquait la beauté des manuscrits et des livres
magnifiquement décorés par des applications en or et en argent
véritables.[59] J'ai appris qu'au Moyen Âge, les textes étaient illustrés à
la main par des moines[60] copistes qui avaient le génie du dessin et
de la couleur.

Dans sa thèse, Louis voulait démontrer que l'imprimerie,[61]
considérée comme un progrès majeur de notre civilisation, a été, en

---

[54]*pot*   [55]*ont… cooked*   [56]*mixture*   [57]*should*   [58]*Be quiet*   [59]*or… real
gold and silver*   [60]*monks*   [61]*printing*

réalité, une régression sur le plan artistique. L'imprimerie a banalisé les textes alors que les manuscrits étaient uniques et composés comme des œuvres d'art.

—Cette perspective est vraiment passionnante. C'est toujours courageux de proposer une thèse différente de la thèse généralement admise! intervient Mme Gerberon.

—Oui. Intellectuellement Louis était un aventurier. Et il a fini par me faire partager son enthousiasme. On parlait souvent de son travail. Il aimait qu'on l'interroge et il répondait toujours avec une précision scientifique. Mais il s'intéressait également à mon travail, regardait mes plans, donnait son point de vue. On échangeait des idées; on n'était pas toujours d'accord mais j'appréciais ses vues toujours singulières et très honnêtes. Notre amitié se développait et se renforçait à travers[62] nos discussions.

Les semaines ont passé tranquillement. On travaillait, on voyait nos copains habituels. Avec Louis, on faisait aussi de belles balades[63] dans Bruxelles sous la neige. Très tôt le matin, on courait sur la Grand-Place déserte et on admirait les traces de nos pas.[64] C'était des jeux de gosse…[65]

Souvent, Louis mettait son gros manteau kaki—c'était un manteau de soldat qu'il avait acheté au marché aux puces[66]—moi, je mettais trois pulls les uns sur les autres (vous savez que j'ai toujours détesté les manteaux!). On descendait en courant nos cinq étages… On s'arrêtait chez Mme Gaspard:

—On sort! Vous avez besoin de quelque chose?

—Tiens, rapportez-moi un kilo de mandarines! Attendez! Attendez! Je vous donne de l'argent!

—Mais non, vous nous rembourserez après!

C'était toujours le même rituel! On courait dans les rues en ramassant[67] la neige accumulée sur les voitures. Arrivés au Parc royal, on faisait des batailles de boule de neige.[68]

Mais tout ça, c'était *avant*.

—Avant quoi? interroge Mme Gerberon. C'est incroyable, ça! Nous sommes mariés depuis dix-sept ans et je découvre des fragments de ta vie que j'ignorais!

[62]à… *through* [63]*walks* [64]*footprints, steps* [65]jeux… *children's games* [66]marché… *flea market* [67]en… *gathering* [68]boule… *snowball*

—Je ne pensais pas que ces histoires de garçons pouvaient t'intéresser!

—Mais mon chéri, tout ce qui te concerne m'intéresse!

—Tu vois, maman, intervient Jérôme, on ne sait jamais avec qui on se marie!

—Bon, vous ferez vos commentaires après. Laissez papa continuer son histoire! demande Sonia impatiente.

—Et vous, finissez vos moules! ordonne Mme Gerberon. Ça fait deux heures qu'on est à table!

—J'ai dit « avant » parce qu'il y a un « avant » et un « après ». Soudain, des événements inimaginables me sont tombés sur la tête.

Un matin, j'étais à la maison parce que je n'avais pas cours. Il était presque 10 heures. Louis était déjà parti à la bibliothèque. On sonne à la porte. J'ouvre. Devant moi, il y a un homme que je ne connais pas. Il a un œil plus petit que l'autre. Ça m'impressionne terriblement. Dans sa main droite, il tient un badge qu'il me met sous le nez: « Police! Inspecteur Dasté! » Il veut parler à Louis Seignez.

Les flics[69] à la maison, quel scandale!

J'explique que Louis est absent, qu'il rentrera sans doute tard dans la soirée. Mais je peux prendre un message.

L'inspecteur n'est pas content: il enquête sur[70] des disparitions de manuscrits rares et anciens à la Bibliothèque royale. Il doit interroger tous les étudiants qui fréquentent la salle de lecture de la Réserve précieuse. Un document d'une valeur inestimable a été volé[71] la semaine précédente: une copie extrêmement rare du fameux manuscrit de Tristan et Iseut, datant du XIIIe siècle. Tous les étudiants qui ont eu ce document en main doivent répondre aux questions de la police. L'inspecteur laisse une convocation[72] qui ordonne à Louis de se présenter au commissariat le lundi suivant, à 11 heures du matin.

La porte se ferme sur le visage froid du policier. Et mille questions explosent dans ma tête. Louis est-il impliqué dans ce vol? Tous mes soupçons se réveillent. Mon intuition passée se confirme: Louis n'est pas clair; il cache quelque chose. Ce quelque chose est sombre, dangereux, diabolique. Mais je refuse absolument de croire que mon

---

[69]cops   [70]enquête… is inquiring about   [71]stolen   [72]summons

copain est un voleur.[73] C'est impossible, totalement inimaginable. Cet Einstein naïf qui joue dans la neige comme un petit enfant n'est certainement pas un criminel. Je ris tout seul à l'idée de Louis déguisé en monte-en-l'air.[74] C'est tellement ridicule! Et je me sens alors rassuré.

Mais quand même, je veux en avoir le cœur net.[75] Je vais dans la chambre de Louis; j'essaie d'ouvrir son placard: il est toujours fermé à clé...

---

[73]*thief* [74]*en... as a burglar* [75]*avoir... to be sure*

Chapitre 4

« Mon Louis »

Ce soir-là, Louis rentre de bonne humeur. Parmi ses étudiants, il y a une fille qui lui plaît. Elle invente toutes sortes de prétextes pour lui parler. Cela le trouble parce qu'il est timide. Il me demande: « Qu'est-ce que je dois faire, à ton avis? » Dans ma tête, je pense: « Menteur[76]! » Et une vague de colère m'envahit.[77]

Il faut que je donne à Louis sa convocation. Mais avant, je vais faire ma petite enquête. Je ne lui parle pas immédiatement de la visite de l'inspecteur. J'oriente adroitement notre conversation sur les livres anciens. Immédiatement, Louis se passionne: c'est son sujet préféré. Je lui parle des collectionneurs. Est-ce qu'il en connaît? Est-ce qu'il veut, plus tard, collectionner des manuscrits? ou préfère-t-il simplement les étudier? Où peut-on acheter des manuscrits? Est-ce qu'ils sont chers? Est-ce qu'ils constituent un bon investissement financier?

Louis répond en détail à mes questions. Non, il ne connaît pas de collectionneurs. Mais il a l'intention, un jour, de commencer une collection. Dès qu'il aura de l'argent, il l'investira dans des manuscrits

---

[76]*Liar!*   [77]*comes over me*

anciens. Oui, bien sûr, les manuscrits constituent un bon placement financier; mais cet aspect ne l'intéresse pas du tout: il n'est pas un homme d'argent. Il veut collectionner des manuscrits simplement pour les admirer. Seulement, ajoute-t-il[78] en riant, il n'a pas d'argent pour financer sa passion. Alors, il se contente d'examiner les belles œuvres à la bibliothèque, il voit toutes les expositions et fréquente régulièrement les musées.

Ces réponses spontanées me rassurent: ceci n'est pas le langage d'un voleur.

Alors, je donne à Louis sa convocation. Un instant, mais seulement un instant, il me semble voir dans son regard un éclair[79] de panique. Puis son visage se recompose. Alors, je me dis que c'est encore mon imagination qui me joue des tours.[80]

Mais Louis s'explique: oui, il a étudié le fameux manuscrit de Tristan et Iseut dans la salle de lecture de la Réserve précieuse. Pourtant il ne comprend pas comment un lecteur a pu le voler. C'est impossible. Il me montre le règlement de la bibliothèque: les cartables, sacs et sacs de dames ne sont pas autorisés. Pour prendre des notes, il faut utiliser un crayon, uniquement. La consultation d'ouvrages spéciaux est liée[81] à une autorisation. Les livres précieux sont distribués à heures fixes: le matin à 10, 11 et 12 heures; l'après-midi à 14 h 30 et 15 h 30. Selon Louis, c'est simple: le manuscrit a été mal rangé.

Une fois encore, Louis calme mes soupçons. Et ce soir-là, nous allons nous coucher tranquillement.

Mais Mathilde intervient:

—Parlant d'aller au lit, il est tard, Mathieu. Sonia a cours à 8 heures. Elle doit se lever tôt. Pourquoi ne pas continuer ton histoire demain?

—Tu rigoles,[82] maman! crie Sonia. On veut savoir la suite! Laisse papa continuer! C'est toujours la même chose avec toi: au moment le plus intéressant, tu nous interromps! C'est exaspérant! Jérôme, qu'est-ce que tu penses? Ce Louis, c'est un voleur ou pas? Moi, je crois qu'il est innocent. Il est victime d'un complot,[83] d'une jalousie.

---

[78]*he adds* [79]*flash* [80]*me... playing tricks on me* [81]*linked* [82]*are kidding* [83]*plot*

—Moi, je pense qu'il est coupable,[84] dit Jérôme. Les grands cri-
minels ont des figures d'anges.[85]

—Et toi, Mathilde, quelle est ton impression?

—Moi, je suis convaincue que ton histoire va mal finir! Mais
dépêche-toi! Je ne veux pas que Sonia se couche trop tard à cause de
ton Louis! Et finissez vos moules! Elles sont froides!

« Mon Louis », comme tu dis... « Mon Louis », le lendemain,
était à la bibliothèque. Je prenais mon petit déjeuner dans le salon
tout en travaillant mes cours. Soudain, je fais un geste brusque et ma
tasse de café tombe par terre. Le parquet est inondé et le tapis plein
de taches![86] Je me précipite à la cuisine, je prends une éponge et je
reviens dans le salon pour nettoyer. Je passe ma main sous le canapé:
c'est tout plein de café! Alors, j'essaie de nettoyer dessous. Mais ma
main ne va pas très loin parce qu'il y a un obstacle. Qu'est-ce que
c'est que ça?

J'attrape un paquet bien fermé. C'est un gros paquet. Je l'ouvre
avec précaution: de la drogue? de la fausse monnaie? des lettres
compromettantes? un cadeau pour moi? Le paquet est difficile à
ouvrir. Ça y est, le contenu apparaît! Ce sont des pages manuscrites,
des parchemins décorés de riches enluminures[87]... Quelle horreur!
Je comprends tout!

Il y a sûrement, parmi ces documents, le manuscrit de Tristan et
Iseut que recherche la police! Louis n'a pas attendu d'être riche pour
commencer sa collection! Il a 'emprunté' à la bibliothèque les pièces
qui lui plaisaient. Mais ce qui me panique, c'est le nombre de documents accumulés! Il y a déjà longtemps que Louis a commencé sa
« collection »! Et je n'ai rien vu! Tout s'est passé sous mes yeux et
j'étais aveugle[88]! le placard de Louis est fermé à clé pour une bonne
raison: des trésors y sont cachés! Et je me souviens alors d'une mul-
titude de petits détails: l'autre jour, Louis a refermé le livre qu'il lisait
quand je me suis approché. Hier, il s'est enfermé pendant deux
heures dans la salle de bains. Pour regarder ses trésors peut-être...
Et il ne veut jamais que je l'aide à faire le ménage: c'est sûr, il a peur
que je fasse des découvertes compromettantes!

---

[84]*guilty*   [85]figures... *faces of angels*   [86]*stains*   [87]*illuminated drawings*
[88]*blind*

Louis est un voleur! Je suis fou de colère. S'il était là, devant moi, je lui casserais la figure.[89] Mais il n'est pas là! Il est à la bibliothèque! Sans doute en train de sélectionner les œuvres qui vont enrichir sa collection personnelle.

J'essaie de réfléchir calmement. Que faire? Je suis dans un beau pétrin[90]! Dénoncer Louis? Mais quand on dénonce un ami, on est un traître[91]! C'est impossible. Seulement voilà: si je ne dis pas la vérité à la police, je serai considéré comme un complice.

Et qu'arrivera-t-il à Louis si la police l'arrête? Sa carrière de chercheur sera finie; il sera humilié et déshonoré. Pauvre Louis! Comment s'est-il mis dans une situation aussi dangereuse?

« Pauvre Louis »… Non, je ne dois pas avoir pité de lui. Après tout, c'est un sale menteur, un faux ami. Depuis des mois, il abuse de mon amitié; il me compromet en accumulant, dans notre appartement, des objets volés. Derrière l'innocent visage de mon ami, il y a un criminel; mon colocataire est un escroc! Je m'excite! Il faut que je me calme. Je vais aller me promener pour me changer les idées.

Très vite, je remets tous les documents dans le paquet. Je place le paquet sous le canapé et je descends dans la rue.

---

[89]lui… *would punch him in the face*   [90]dans… *in a jam*   [91]*traitor*

Chapitre 5

Les secrets de la Réserve précieuse

En bas, la rue des Ursulines a son visage habituel: la boulangerie dégage une bonne odeur de croissants chauds; il y a la queue à l'épicerie. Des mères de famille font leurs courses avec leurs enfants. C'est un matin d'hiver, calme et froid, tout à fait normal.

Je me dirige vers la Grand-Place, ce chef-d'œuvre d'harmonie. J'ai toujours pensé, vous le savez, mes enfants, que l'art apportait une consolation dans les moments difficiles... N'oubliez jamais cela. L'art nous met devant la beauté éternelle; il nous fait oublier les accidents de la vie.

Je marche, comme un robot et j'arrive devant l'Hôtel de Ville. C'est le plus beau bâtiment de la capitale. Son style gothique flamboyant me change les idées. Bruxelles est là, avec ses beautés architecturales, ses chocolats, ses dentelles,[92] ses moules et ses frites. C'est

---

[92]*lace*

■ La sublime Grand-Place de Bruxelles

rassurant. Mon univers explose mais le monde extérieur n'a pas changé. Les murs de la ville sont solides!

Sans savoir exactement où je vais, je dirige mes pas[93] vers la Place royale, proche de la bibliothèque. L'église St-Jacques-sur-Coudenberg domine cet ensemble rectangulaire que j'admire toujours pour sa symétrie remarquable. Au centre, la statue équestre de Godefroid de Bouillon semble admirer la perspective sur la ville: « Salut, Godefroid! Ça va, mon pote? » Mais Godefroid est impassible. Il est sourd, aveugle, mort. Insensible[94] à la joie comme au désespoir...

Mais moi, je suis vivant! Et je souffre! Mon dieu! Que vais-je faire?

Je suis révolté. Quel hypocrite, ce Louis! Avec son air innocent, c'est un sacré pervers! Son ingéniosité me stupéfie: comment est-il arrivé à sortir tous ces documents de la bibliothèque? Les 300 000 volumes y sont gardés comme l'or de la Banque de Belgique!

Bientôt, j'arrive devant la Bibliothèque royale, intégrée dans le complexe imposant du Mont des Arts, dont elle forme un des côtés.

[93]dirige... *point my feet*   [94]*Indifferent*

Je connais bien les spécificités architecturales du bâtiment: je les ai étudiées à la fac!

La bibliothèque est bâtie sur de multiples niveaux et étages. Elle peut recevoir 1 100 lecteurs. Les magasins[95] prévus pour les collections contiennent environ 150 kilomètres de rayonnages.[96] La Réserve précieuse où sont stockées des pièces exceptionnelles est constamment sous surveillance. Si Louis a réussi à sortir des documents de ce bunker, c'est vraiment un champion!

Il commence à neiger. J'ai froid. Je rentre à la maison en traversant le Parc royal désert.

Pendant plusieurs jours, je suis tourmentée par un terrible dilemme: téléphoner à la police ou garder le silence?

Louis semble tranquille. Sa convocation ne l'inquiète pas du tout. Il considère que la police fait son métier: c'est un contrôle de routine! Par contre, il s'alarme pour moi! Il trouve que j'ai l'air fatigué! Il me prépare des potages et m'interroge discrètement sur ma vie privée: il doit penser que j'ai des peines de cœur[97]!

Six mois plus tard, les *Nouvelles de Bruxelles* annoncent le procès très médiatisé[98] de Louis Seignez, étudiant en histoire qui a volé plus de 150 documents anciens à la Bibliothèque royale de Belgique.

Vous pensez que Louis a été sévèrement condamné[99]? Eh bien, non! Il a eu 18 mois de prison avec sursis,[100] sans inscription au casier judiciaire.[101] Il a dû payer une énorme amende de dommages et frais d'avocat[102] à la Bibliothèque. C'est tout.

Comment expliquer la clémence du jury? L'avocate qui le défendait a insisté sur plusieurs points qui ont joué en faveur de son client: d'abord, les livres et les documents volés ont été retrouvés intacts, jusqu'au dernier, dans l'appartement de Louis—dans NOTRE appartement! Ensuite, pendant son procès, Louis a expliqué ses vols par sa « passion », déclarant: « J'avais peur, j'avais honte, mais la passion était plus forte que tout. » Enfin, Louis n'a pas fait de commerce

---

[95]*warehouses*   [96]*stacks*   [97]peines... *girlfriend troubles*   [98]procès... *highly publicized trial*   [99]*punished*   [100]18... *18-month suspended sentence*   [101]sans... *without its going on his record*   [102]amende... *fine and legal fees*

avec les documents. Il n'a pas cherché à les vendre. C'était un voleur atypique, totalement désintéressé.

Vous vous demandez certainement comment Louis est arrivé à sortir tous ces documents précieux de la bibliothèque? C'est simple! Tellement simple que je n'y ai pas pensé: le jour, Louis étudiait les manuscrits dans la salle de lecture de la Réserve précieuse. Il faisait ainsi sa sélection. Puis, le soir, il pénétrait dans la Réserve par un passage secret. Il emportait[103] les documents qui lui plaisaient et les stockait chez nous pour les admirer et les étudier.

Un passage secret! On lit ça dans les romans! Et pourtant, c'est vrai: à l'emplacement de la Place royale, se trouvait autrefois[104] le magnifique palais du Coudenberg, détruit par un incendie[105] en 1731. On avait récemment découvert les fondations du palais et on commençait à explorer les souterrains et les passages secrets, à 6 mètres sous le niveau du sol. Louis s'était intéressé aux travaux et avait trouvé un passage qui le conduisait tout droit à la Réserve précieuse. Voilà.

—Comment, « voilà »? protestent d'une seule voix Mme Gerberon, Sonia et Jérôme. Mais tu ne nous as pas dit l'essentiel! Qui a alerté la police? C'est toi?

—Eh bien, non! Grâce à Dieu, je n'ai pas eu à le faire. En fait, immédiatement après le vol du manuscrit de Tristan et Iseut, les enquêteurs avaient installé un système de vidéo surveillance. La caméra a filmé Louis en pleine opération nocturne!

—Et qu'est-ce qu'il est devenu, Louis?

—Peu après sa condamnation, il a épousé son avocate. Il est aujourd'hui expert en manuscrits anciens. On vient le consulter du monde entier.

---

[103]*carried off*   [104]*in the past*   [105]*fire*

Activités pour les étudiants

A.   Avez-vous compris?

Répondez à ces questions par écrit ou oralement.

Chapitre 1

1. Qui sont les membres de la famille Gerberon? Décrivez leur caractère. À votre avis, quel est le métier du père? de la mère? Que font les deux enfants? À première vue, cette famille vous semble-t-elle sympathique?
2. Pourquoi Maître Blaise a-t-il été condamné? Pourquoi est-ce que tout le monde parle de sa condamnation dans la petite ville de Bruges?
3. Pour quelle raison M. Gerberon n'a-t-il jamais raconté l'histoire de Louis à sa famille? Est-ce que vous connaissez le passé de vos parents? Est-ce que vous leur posez des questions? Est-ce qu'ils vous répondent?
4. Trouvez, dans le texte, les termes qui décrivent Louis: quel est le trait fondamental de sa personnalité? Le trouvez-vous intéressant? Pourquoi?
5. Comment vivent les deux colocataires? Expliquez leur vie de tous les jours.

Chapitre 2

1. Que suggère la phrase: « Qui n'a pas son caractère? » À qui M. Gerberon fait-il allusion? En ce qui vous concerne, que pensent vos amis et votre famille de votre caractère?
2. Dans un premier temps, quels faits étranges note Mathieu Gerberon? Comment est-ce qu'il réagit (react)? Imaginez que vous êtes à sa place: que faites-vous?
3. Quel événement majeur renforce les doutes de Mathieu? Essayez d'expliquer le mensonge de Louis. À votre avis, où passe-t-il ses soirées?
4. Mathieu est vraiment troublé par le mensonge de son ami. Pensez-vous que sa réaction est exagérée? Expliquez.

5. Que fait Mathieu pendant l'absence de Louis? À votre avis, pourquoi Louis recommande-t-il à son ami de ne pas faire le ménage?

Chapitre 3

1. Comment se passe le repas dans la famille Gerberon? Qui fait la cuisine? Qui sert à table? Que mange-t-on? Combien de temps dure le repas? Comparez ce dîner familial belge avec un dîner chez vous.
2. Qu'apprenons-nous sur les manuscrits anciens? Ce domaine vous semble-t-il intéressant? Aimez-vous les livres?
3. Expliquez la phrase: « Mais tout ça, c'était *avant*. » Pourquoi est-elle dramatique?
4. Que vient faire l'inspecteur Dasté? Pourquoi convoque-t-il (*does he summon*) Louis? À votre avis, que va-t-il se passer?
5. Le placard de Louis est toujours fermé à clé: qu'est-ce que vous en pensez?

Chapitre 4

1. Louis dit qu'il a rencontré une fille. Pensez-vous qu'il dit la vérité? Donnez vos arguments.
2. Comment Louis calme-t-il les soupçons de Mathieu? Vous semble-t-il sincère? Justifiez votre point de vue.
3. Dans quelles circonstances Mathieu découvre-t-il la vérité?
4. « Louis est un voleur! » Comment a-t-il procédé pour constituer sa collection privée de manuscrits?
5. Mathieu pense que son ami est « un criminel »: ce terme vous semble-t-il juste? Est-il trop sévère? Justifiez votre point de vue.

Chapitre 5

1. Décrivez la souffrance de Mathieu. Que fait-il pour se relaxer?
2. Citez une phrase montrant que, d'une certaine façon, Mathieu admire Louis. Expliquez ce paradoxe.
3. « Téléphoner à la police ou garder le silence »: quels sont les avantages et les inconvénients de ces deux options? Mettez-vous à la place de Mathieu: que faites-vous?

4. Finalement, dans quelles circonstances Louis est-il arrêté? Sa condamnation vous semble-t-elle proportionnelle à son crime? Est-ce que la justice nord-américaine serait (*would be*) plus sévère?

B. Langage: « Les expressions idiomatiques et les proverbes »

Voici quelques expressions très françaises. Elles sont utilisées dans les conversations de tous les jours. En vous aidant du contexte, employez ces expressions dans les phrases suivantes.

dans un beau pétrin • un drôle de coco • en avoir le cœur net • joue des tours • un rat de bibliothèque • sain et sauf

1. Monsieur Seignez est sauvé. Il est _____.
2. Louis passe son temps à lire et à étudier: c'est _____.
3. Louis est un individu peu recommandable: c'est _____.
4. Mathieu veut vérifier son hypothèse. Il veut _____.
5. Mon imagination me donne des hallucinations: elle me _____.
6. Je suis dans une situation impossible: je suis _____!

C. Prenez la parole!

Vous venez de partager un dîner avec la famille Gerberon. Vous allez pouvoir maintenant exprimer vos sentiments sur les personnages. Avec vos camarades, engagez des dialogues, des discussions passionnées, des débats animés; devenez auteur et acteur à travers des jeux de rôle.

1. **Une famille européenne.** La famille Gerberon est-elle typiquement européenne ou représente-t-elle aussi les familles nord-américaines? Qu'est-ce qui vous surprend le plus dans les usages et les relations de cette famille belge? Quelles différences notez-vous avec votre famille? Discutez ces questions par petits groupes de trois étudiants, puis demandez à un représentant de chaque groupe de présenter à la classe une synthèse des remarques.

2. **Au cinéma.** L'inspecteur Dasté vient pour interroger Louis (chapitre 3). Transposez cette situation dans un film policier américain (*thriller*), puis jouez la scène devant la classe (en français, bien sûr), avec un camarade dans le rôle de l'inspecteur et un camarade dans le rôle de Mathieu.

3. **Où est la vérité?** Après avoir découvert le manuscrit de Tristan et Iseut, Mathieu cherche à obtenir la vérité de son ami: imaginez, dans un jeu de rôle, la conversation des deux amis.

4. **Le procès de Louis.** Simulez le procès de Louis et rendez un jugement conforme à votre estimation de la faute commise. Choisissez des étudiants pour interpréter les rôles principaux (Louis, Mathieu, l'avocat général, l'avocat de la défense) et un groupe de cinq personnes pour représenter le jury.

D.   Qu'en pensez-vous?

L'histoire de Mathieu et Louis soulève (*raises*) des problèmes intéressants. Vous allez pouvoir ici exprimer vos idées personnelles, parler de vos expériences et comparer la culture européenne avec la culture nord-américaine. Répondez à ces questions par écrit ou oralement.

1. **Avez-vous des secrets?** Pensez-vous, comme Mme Gerberon (chapitre 1) que « chaque être est une énigme »? Vous est-il arrivé, un jour, de découvrir la double personnalité ou la double vie de quelqu'un que vous connaissez?

2. **Les devoirs de l'amitié.** Intervenez-vous dans la vie de vos amis? Qu'attendez-vous d'un(e) ami(e)? Vous est-il arrivé d'être déçu(e) ou trahi(e) (*betrayed*)? Racontez cette histoire.

3. **Le mensonge.** Mathieu souffre des mensonges de Louis. D'un autre côté, Mme Gerberon dit que « dans la vie, il est parfois nécessaire de feindre ». Et vous, comment réagissez-vous face au mensonge? Que pensez-vous des menteurs? Vous est-il déjà arrivé de mentir? Dans quelles circonstances?

4. **L'art, une consolation?** M. Gerberon pense que « l'art apporte une consolation dans les moments difficiles ». Qu'en pensez-vous? Êtes-vous sensible à l'art? Sous quelle forme? Que vous apporte-t-il?

5. **Les Nord-Américains face à la loi.** « Ça montre qu'en Belgique, les gens puissants ne sont pas au-dessus des lois », lance Jérôme. (chapitre 1): comment la justice nord-américaine traite-t-elle les gens puissants? Hésite-t-elle à les condamner quand ils ont transgressé (*broken*) la loi? Donnez des exemples empruntés à l'actualité ou à l'histoire récente.

C'est moi

Chapitre 1

Un beau dimanche...

Montréal, au Québec

—Victor, on va au cinéma en fin d'après-midi? demande Raphaël à son copain Victor. Souvent, le dimanche, ces deux amis d'enfance prennent un brunch ensemble. Parfois, quand elle ne passe pas le week-end chez ses parents, Nathalie, la petite amie de Victor, se joint à eux. Mais aujourd'hui, elle est dans sa famille.

—Mmmm, attends, j'ai la bouche pleine! répond Victor. Il vient de mettre dans sa bouche la moitié d'une banane.

—Quelle élégance, mon cher! proteste Raphaël qui aime les bonnes manières. Où as-tu appris à manger?

—Demande à ma mère. Je suppose qu'elle m'a mal élevé, répond Victor avec cynisme. Tiens, passe-moi le lait, je vais me faire un dernier bol de céréales.

—Après un brunch pareil, ce n'est pas au cinéma qu'on devrait aller, c'est à la gym, suggère Raphaël. Si tu continues comme ça, Victor, tu seras comme un petit cochon[1]: tout rose et bien gras.[2] Tu n'as aucune hygiène de vie!

---

[1]*pig*   [2]*fat*

—T'en fais pas[3]! Dans ma famille, plus on mange, plus on est mince.

Victor est sûr de lui: à 23 ans, cet étudiant en maths est grand et athlétique. Et pourtant, il ne fait jamais d'exercice physique! C'est un beau garçon qui a l'habitude d'être admiré. Son corps est un vrai miracle, une harmonie de muscles qu'il contemple avec plaisir dans le miroir. Victor est né sous une bonne étoile: il a du succès dans tout ce qu'il entreprend.[4] Populaire, il a de nombreux amis, réussit ses examens sans efforts, rencontre toutes sortes de gens parce qu'il a le contact facile. Pour lui, tout est clair, tout est simple, tout est logique.

À l'inverse, Raphaël se pose toujours des questions sur le sens de la vie. Dans les conversations, il fait constamment des objections. Idéaliste, il aime les grands sentiments et l'absolu. Ses amis peuvent compter sur lui: dans la difficulté, il est toujours fidèle et solidaire. Petit et mince, il n'est pas très content de son physique. Il voudrait être plus grand, plus fort, comme Victor. Mais, dans les bons jours, il se console avec son visage. Depuis son enfance, tout le monde lui répète qu'il a les plus beaux yeux du monde: deux lacs noirs dans un visage de bronze.

—Bon, tu regardes les programmes du Ex-Centris? demande Victor qui n'abandonne pas son idée de cinéma.

Raphaël s'installe devant son ordinateur. Il inscrit « Ex-Centris » sur Google. C'est le nom du cinéma d'avant-garde de Montréal. On y propose des vidéos expérimentales, des films récents et aussi des grands classiques.

La liste des films apparaît sur l'écran plat qui trône[5] dans le studio: c'est le nec plus ultra[6] des écrans actuellement sur le marché.

Les ordinateurs, c'est la passion de Raphaël. Récemment diplômé de « Nouvelles Technologies de l'Informatique pour l'Entreprise » après quatre ans d'études à l'Université Laval, il vient d'envoyer son CV à plusieurs entreprises pour un poste d'analyste-programmeur. Il a déjà reçu quelques offres d'emploi mais il est exigeant[7]: il veut travailler pour une compagnie de transports. Depuis son enfance, il a une passion pour les voitures, les camions, les trains et les avions.

---

[3]*T'en… Don't worry!*   [4]*undertakes*   [5]*has the place of honor*   [6]le nec… *the best of, the ultimate*   [7]*demanding*

—À 17 heures, on joue *Un homme et une femme*. Écoute: 'Film français, 1966, comédie dramatique. Durée: 2 h 27 min. Réalisé par Claude Lelouch'. Ça te dit[8]? demande Raphaël.

—Je préfère un film récent, répond Victor. Regarde si le dernier Besson[9] est sorti. Grand silence. Raphaël est concentré sur son écran. Victor s'approche pour voir ce qui intéresse tant son copain.

Une fenêtre publicitaire s'est superposée au site Internet du Ex-Centris.

—Qu'est-ce que tu regardes? Ohhhh! 'L'amour fou frappe à votre porte: déjà 222 530 célibataires ont choisi « Cœur à cœur »! Qu'attendez-vous?'

—Vas-y, Raphaël, clique! ordonne Victor. On va se marrer[10] un peu!

—Je ne suis pas d'humeur à m'amuser, Victor. Tu le sais.

—Arrête… Il faudra bien, un jour ou l'autre que tu digères[11] ton histoire avec Myriam…

—Victor, je t'ai demandé mille fois de ne plus jamais prononcer son nom. Jamais, tu m'entends? Jamais. C'est clair?

—Mais oui, c'est clair. Allez, détends-toi. Clique! Ça va nous changer les idées!

Le logo du site apparaît: on dirait une publicité pour la Saint-Valentin.

« Cœur à cœur » est un site francophone de rencontres qui favorise les relations entre Français, Belges, Suisses, Africains, Québécois—tous ceux qui parlent français. Victor se met à rêver: toutes ces rencontres possibles!

—Raphaël, clique sur la rubrique 'Ils et elles témoignent[12]!' Tu crois que ces déclarations sont authentiques?

—À mon avis, elles sont fabriquées artificiellement. C'est du marketing. Écoute: 'L'amour véritable existe, je l'ai rencontré sur « Cœur à cœur ». Maintenant, « je » est « nous »: notre mariage est prévu pour le 3 mai prochain.' C'est gnangnan, beauf[13] et complètement idiot. Allez, Victor, mets ta parka. On s'en va. On va arriver en retard à la séance[14]!

—Quelle séance? proteste Victor! On n'a même pas choisi de film! Attends, on a encore deux minutes. Tiens, lis ce témoignage…

---

[8]Ça… *Does that interest you?*   [9]dernier… *latest film by French director Luc Besson*   [10]se… *have a good laugh*   [11]*get over (Lit., digest)*   [12]*give testimonials*   [13]gnangnan… *shallow, insipid; narrow-minded*   [14]*show*

■ Une atmosphère française
dans les rues de Montréal

—On retournera sur le site ce soir. Allez, dépêche-toi, la séance
est à 18 heures! Ça va bientôt commencer. Tu viens, oui ou non?
—Non. Je préfère m'amuser sur « Cœur à cœur ».

Nice, en France

Dans le quartier de Cimiez, au deuxième étage d'un immeuble
1930, Lucette Godon regarde le film du dimanche soir sur France 3.
Elle se sent vraiment bien dans son studio. Il est tellement confortable! Ses fenêtres donnent sur un grand jardin très vert, même en
hiver; de son lit, elle aperçoit l'ombre élégante des palmiers[15] qui
s'agitent sous le vent.

C'est vraiment un avantage d'habiter sur la Côte d'Azur: le
climat est doux. On peut se promener toute l'année et se baigner six
mois sur douze. Et l'hiver, si on veut faire du ski, on peut aller à
Valberg, une station située à une heure du centre-ville.

« Tout va bien dans ma vie, réfléchit Lucette. J'ai un nouvel
appartement, j'adore mon métier, je gagne bien ma vie; j'ai des

---

[15]*palm trees*

parents formidables, des amis merveilleux… Il ne manque qu'une chose: l'amour… Pourquoi ma vie privée est-elle un fiasco? »

Lucette a trente ans. L'âge des questions. Professionnellement, elle est bien satisfaite: son métier d'illustratrice la passionne. Toute la journée, elle dessine. Mais parfois—de plus en plus souvent, d'ailleurs—elle s'interroge sur son futur: elle n'a pas de petit ami, pas de mari, pas d'enfants…

Installée sur son lit, devant son plateau-repas,[16] elle se dit qu'il serait bien agréable de partager son dîner avec quelqu'un. Mais où trouver l'homme de sa vie? Elle travaille chez elle: ce n'est pas pratique pour faire des rencontres.

Pendant qu'elle mange, Lucette regarde la télévision d'un œil et de l'autre, elle lit le gros titre de la couverture du magazine *Elle*: « Rendez-vous sur la toile[17] ». Elle se précipite à la page 37 pour en savoir plus: « La vie en solo, c'est vraiment nul. Pour capturer l'oiseau rare, il suffit maintenant d'un clic. On trouve en France de multiples sites de rencontres. Pourquoi ne pas essayer? Qu'est-ce que vous avez à perdre? »

Lucette oublie son film et se plonge dans l'article:

Les gens n'ont plus honte de dire qu'ils ont envie de trouver l'âme sœur. « Avant, pour rencontrer un homme, j'allais me promener au rayon Bricolage[18] du BHV[19] ou bien je me forçais à faire des sports violents qui attirent spécialement une clientèle masculine, déclare Maud, une jeune femme de 30 ans très énergique. Maintenant, je suis inscrite sur plusieurs sites Internet et j'ai un nouveau rendez-vous tous les soirs. » « Moi, tous les week-ends, j'allais en boîte,[20] explique Max. Mais en général, j'étais déçu. C'était toujours des rencontres superficielles. Aujourd'hui, tout a changé avec le Web. »

Jeannot, 25 ans, un boulanger normand divorcé, et Diana, 24 ans, étudiante au Gabon témoignent aussi. Ces deux internautes[21] n'avaient qu'un point commun: leur passion pour le Web. Ils se sont rencontrés sur « Cœur à cœur ». « Ça a été un coup de foudre virtuel, explique la jeune fille. Pendant deux mois, on a échangé plusieurs e-mails par jour, indifférents à la distance. »

---

[16]*TV dinner*   [17]*web*   [18]rayon… *Do-it-yourself department*   [19]Bazar de l'Hôtel de Ville *French department store*   [20]en… *to a nightclub*   [21]*Internet users*

« Un jour, ajoute Jeannot, j'ai pris l'avion pour le Gabon et je suis arrivé par surprise. Je l'ai demandée en mariage et je l'ai emmenée en France. » Il s'étonne encore de « cette première rencontre avec quelqu'un que je connaissais déjà ».

Théo, lui, est plein d'espoir.[22] À 32 ans, il veut rencontrer une « belle fille qui aime les fleurs et les oiseaux ». Dans le petit village suisse, où il habite, il pense attirer la princesse de ses rêves avec son mètre 80,[23] son corps « bien bâti, sain et propre, ses cheveux blonds, ses yeux bleus et son tempérament amoureux ». Il se déclare également prêt à des « sorties en ville pour aller au restaurant ou pour faire les boutiques », précisant qu'il a beaucoup d'éducation et qu'il sait « être galant ». Il y a aussi Grégoire qui cherche une femme pour « partager des bons moments ». Il adore « être assis devant son ordinateur, regarder les matchs de foot à la télévision et aller au restaurant le samedi soir ». Trouvera-t-il chaussure à son pied?

Et l'article conclut:

Un jour, vous pleurez parce que vous êtes seule. Le lendemain, vous recevez des centaines d'e-mails et de lettres. La seule difficulté est de tout lire et de prendre le temps de répondre!

Plusieurs sites sont proposés en référence. Lucette commence à rêver… Après tout, pourquoi pas? Elle sort de son lit, s'installe devant son ordinateur et ouvre la porte du site « Cœur à cœur ». Dans l'article de *Elle,* on dit que c'est le meilleur site de rencontres.

---

[22]*hope*   [23]*5 feet 9 inches*

Chapitre 2

« Cœur à cœur »

Montréal

Raphaël est un célibataire déterminé. Depuis sa rupture avec Myriam, il est bien décidé à ne plus prendre l'amour au sérieux: s'amuser, oui; s'engager,[24] non.

Victor et lui explorent le site « Cœur à cœur ». Ils sont fascinés par tous ces gens qui rêvent d'un bonheur à deux.

—C'est incroyable, tous ces célibataires! En plus, j'ai l'impression que ces gens sont très bien, comme toi et moi! Hein, Victor?

—Aussi bien que nous deux, c'est impossible! Raphaël, tu devrais t'inscrire. Tu es libre, après tout...

—Je m'inscris si tu t'inscris, répond fermement Raphaël.

—Non, pour le moment, je suis en main[25]: Nathalie ne serait pas très contente d'apprendre que je cherche une nouvelle petite amie! Tu peux comprendre, je pense.

---

[24]*get involved*   [25]en... *taken*

Raphaël réfléchit:

—Est-ce que je suis prêt pour une nouvelle rencontre?

—Allez! l'encourage Victor, on t'inscrit! Qu'est-ce que tu as à perdre?

C'est vrai, raisonne Raphaël: qu'est-ce que j'ai à perdre?

—Bon, alors on renonce au cinoche[26] ce soir?

—Le cinoche, on peut y aller tous les soirs. On ira[27] demain. Ce soir, on fait quelque chose de nouveau: on t'inscrit sur « Cœur à cœur »!

Il faut d'abord remplir le formulaire et surtout trouver un mot de passe et un pseudonyme.[28] Particulièrement inspiré, Victor suggère toutes sortes d'idées:

—Pour le mot de passe, tu devrais choisir le nom de ta mère. Ça va te porter bonheur!

—Quelle idée idiote! Je ne vois pas ce que ma mère vient faire dans cette histoire! Je préfère choisir le nom de mon meilleur pote: « Victor23 ». Ton prénom et ton âge! C'est pas une preuve d'amitié, ça?

—Si. Je dois reconnaître que je suis très touché... Et ton pseudonyme? Qu'est-ce que tu penses de « Sorbonne »?

—Non, c'est le nom du chien de ma sœur!

—Dommage, ça fait cultivé... Tu as une autre idée?

—Oui: 'Tristan17'. Tristan, comme un des plus grands amants[29] de tous les temps; 17 comme mon chiffre préféré.

—Bon, maintenant, on va compléter la page « Profil »: ton âge: 25 ans; la couleur de tes cheveux: bruns; ton poids... Combien est-ce que tu pèses: 70 kilos? Tu n'es pas bien lourd. Moi, je fais 90 kilos! Ta taille: 1,70 mètre. Ton signe astrologique: Lion. Mmmm: tempérament passionné! Volonté affirmée,[30] désir de briller et de dominer! C'est un signe très positif: les femmes adorent les âmes fortes. C'est tout à fait toi!

—Victor, je n'ai pas besoin de tes commentaires!

—Ton métier: Analyste-Programmeur. Ton revenu annuel: qu'est-ce qu'on écrit?

—Rien. Laisse la case[31] vide.

—Non, ça fait suspect. C'est mauvais pour ton image.

—Bon alors écris: 'Je ne veux pas qu'on m'aime pour mon argent.'

---

[26]cinéma (*fam.*)   [27]*will go*   [28]*screen name*   [29]*lovers*   [30]Volonté... *Strong willed*   [31]*field*

—C'est un beau cliché; mais d'accord…

—Maintenant on doit parler de tes goûts dans la rubrique 'J'aime/je n'aime pas': vas-y. On commence par 'J'aime':

—J'aime… heuuuu… qu'est-ce que j'aime? J'aime la salade de tomates; j'aime me lever tôt; j'aime les écharpes en cachemire, la cuisine turque, le tennis, le train et tous les gadgets technologiques.

—Qu'est-ce que tu n'aimes pas?

—Je n'aime pas les oignons, je n'aime pas les gens qui se plaignent,[32] je déteste embrasser une fille qui a mangé une mandarine, je déteste les insectes, je n'aime pas la musique.

—Ça, c'est vraiment bizarre: je ne te comprendrai jamais…

—Désolé, mais c'est la vérité.

—Tu sais, tu n'es pas obligé de dire toute la vérité dans ces questionnaires!

—Ah, non! Même si c'est un jeu, je ne veux pas commencer à raconter des histoires. La vérité, toute la vérité, rien que la vérité.

—Bon, après tout, c'est ta candidature. C'est toi qui décides. Allez, on continue. Tes qualités et tes défauts?

—Je suis jeune, beau, cultivé, généreux et persistant. Je suis égoïste, sceptique, impatient, rigide.

—Maintenant, explique Victor très méthodique, il faut faire le portrait de la femme idéale. Réfléchis: tu préfères les blondes, les brunes, les rousses? Tu veux qu'elle soit grande, petite, mince, pote-lée[33]? Quelle catégorie d'âge?

—Rien de tout ça: je veux qu'elle ait de la personnalité. Vas-y, écris: 'personnalité', 'âge: indifférent'.

—Fais attention, Raphaël. Si tu n'es pas assez sélectif, tu vas faire exploser ta boîte aux lettres avec des messages de vieilles dames solitaires ou d'adolescentes délirantes!

—Tu as sans doute raison. Posons des limites: 25–37 ans. Je n'ai aucun préjugé défavorable à l'égard des femmes plus âgées. Au contraire: elles sont plus tendres, plus attentives et très belles.

—C'est un point de vue intéressant, mais je ne le partage pas… On en discutera un jour. Bon, maintenant, tu dois préciser ce que tu cherches: une relation à long terme, le mariage, une aventure, une amitié?

Raphaël hésite. En réalité, il ne veut rien du tout. Mais maintenant qu'il a commencé, il faut jouer le jeu.

---

[32]se… complain   [33]chubby

—Écris: 'Construire une relation de qualité'. Je ne peux pas être plus précis.

—La zone géographique de ta recherche? Tu devrais choisir la France. Vous parlerez la même langue et tu auras un bon prétexte pour aller à Paris! En plus, tu auras la paix: tes amoureuses ne pourront pas venir frapper à ta porte toutes les cinq minutes!

—D'accord, écris 'France'. Mais allez, ça suffit! Je commence à en avoir marre[34]!

—Attends! Il faut seulement rédiger[35] le texte de ta petite annonce et joindre une photo. Après, tout sera terminé.

Après de longs efforts, le texte prend forme et la photo de Raphaël est numérisée.[36] Le dossier de candidature est complet. Raphaël est épuisé.

—Et voilà! triomphe Victor. Il n'y a plus qu'à attendre.

Nice

Lucette a mangé une boîte entière de chocolats: pour elle, c'est une façon d'évacuer l'angoisse. Parce que ce n'est pas facile de s'engager sur « Cœur à cœur ». Elle est prisonnière de deux voix qui lui envoient des messages contradictoires. La première voix est rassurante et encourageante: « Vas-y! Qu'est-ce que tu risques? C'est une nouvelle expérience; c'est dans l'air du temps[37]; il y a des milliers d'inscrits.... » L'autre voix est cynique, dissuasive: « Ma pauvre fille, tu es incasable[38]! Les rencontres programmées, c'est pour les nulles, les moches,[39] les paresseuses. »

Finalement, l'optimiste gagne contre la pessimiste. Lucette choisit son pseudonyme et son mot de passe. Elle remplit toutes les rubriques. Le plus difficile reste le texte de la petite annonce: tout est possible, donc c'est impossible! Depuis une heure, elle fait des essais qu'elle trouve nuls, absolument nuls.

Et puis soudain elle a une idée de génie. Elle va s'inspirer du fameux « Questionnaire de Proust[40] » et l'adapter à sa propre personnalité. Elle va l'appeler « Les secrets de Lucette ».

[34]en... get sick of it   [35]to compose   [36]digitized   [37]dans... a sign of the times   [38]incapable of settling down with anyone   [39]unattractive women   [40]Questionnaire... Famous questionnaire developed by early 20th-century French writer, Marcel Proust, who believed that people had to know themselves before they could know and understand others.

Après un long moment de concentration, elle relit son texte:

Le principal trait de mon caractère: je suis une pessimiste active

La qualité que je désire chez un homme: le sens de l'honneur

Ce que j'apprécie le plus chez mes amis: la grandeur dans les sentiments et dans les actes

Mon principal défaut: je complique ce qui est simple

Mon rêve de bonheur: vivre en Afrique et m'occuper de la préservation des singes[41]

Quel serait mon plus grand malheur: ne pas avoir d'imagination

Le pays où je désirerais vivre: un pays lointain où on mange des dattes au petit déjeuner

La couleur que je préfère: la couleur du ciel quand la nuit tombe

La fleur que j'aime: le lilas

L'oiseau que je préfère: l'hirondelle,[42] comme Proust!

Mes auteurs favoris en prose: Guy de Maupassant, Marguerite Yourcenar, Marcel Proust

Mes poètes préférés: l'unique Arthur Rimbaud

Mes compositeurs préférés: je n'aime pas la musique!

Mes peintres favoris: Kandinsky

Mes héros dans la vie réelle: les médecins et les infirmiers

Mes héroïnes dans l'histoire: Jeanne d'Arc

Mes noms favoris: Tristan (l'amoureux d'Iseut)

Ce que je déteste par-dessus tout: la vulgarité, le mensonge

Caractères historiques que je méprise le plus: les tyrans

Le fait militaire que j'admire le plus: le Débarquement américain du 6 juin 1944

La réforme que j'estime le plus: le droit de vote accordé aux femmes

Comment j'aimerais mourir: en mangeant de la langouste

---

[41]*monkeys*   [42]*swallow*

État présent de mon esprit: j'ai sommeil

Fautes qui m'inspirent le plus d'indulgence: la
   gourmandise[43]

Ma devise[44]: « si je veux »

C'est un peu long mais très original.

Dernière chose: il faut joindre une photo. Lucette sélectionne une image où elle est très naturelle. C'est sa copine Léa qui l'a prise, sur la Croisette à Cannes, un jour de grand vent. Lucette vient de perdre son chapeau et elle rit, les cheveux dans les yeux, le visage illuminé par le soleil.

Voilà, les dés[45] sont jetés.

Dans son lit bien chaud, Lucette ferme les yeux avec le sentiment réconfortant du devoir accompli. Il est 2 heures du matin.

---

[43]*over indulgence in food*   [44]*motto*   [45]*dice*

Chapitre 3

Est-ce que j'ai du courrier?

Montréal

Quelques jours après, Raphaël, pressé par Victor, ouvre sa boîte aux lettres de « Cœur à cœur ». Vingt-trois messages l'attendent! Des étudiantes, des femmes actives; des optimistes, des cyniques, des désespérées; des Françaises, mais aussi des Belges, des Africaines, des Suisses et même une jeune femme de La Nouvelle-Orléans! Raphaël ne pensait pas recevoir autant de réponses! Le besoin d'amour est universel, pense-t-il avec philosophie…

Il est étonné de voir que les candidates n'ont pas respecté les limites d'âge imposées par son annonce, ni les critères géographiques (commentaires de Victor: « Transgresser[46] un ordre, c'est montrer qu'on a du caractère »).

De même le critère de « personnalité » est interprété avec beaucoup de liberté, c'est le moins qu'on puisse dire! Par exemple, Raphaël note, parmi les candidates, une collectionneuse d'hommes

---

[46]*To disobey*

qui le tutoie (« Je suis une grande amoureuse. J'aime faire et recevoir des calins.[47] Si tu veux, on peut se rencontrer chez toi »); une mère de famille qui cherche une aventure (« J'ai besoin d'oxygène »); une certaine « Blanche-neige », jeune femme timide qui rêve du grand amour (« J'ai 18 ans et je voudrais rencontrer un mec beau, gentil, attentionné; pour moi, il n'y a pas d'homme idéal, c'est mon cœur qui parlera. »).

Le message de cette épouse récemment abandonnée par son mari le bouleverse[48]: « Je rêve d'un homme qui soit mieux que mon ex-mari, d'un homme qui me regarde. » Et que penser de la lettre de cette « Malou », une chanteuse qui souffre de ne pas savoir aimer: « Tous les hommes sont amoureux de moi, mais mon cœur est comme une pierre. Je cherche un être d'exception qui saura éveiller[49] mes sentiments. »

Une des candidates est terriblement agressive. Elle s'appelle « Messaline », comme l'impératrice romaine qui symbolise la femme dominatrice. Elle demande: « Où sont les hommes? Les vrais? Ceux qui ne tremblent pas à la vue d'une femme indépendante? » Une autre, une certaine « Romance », écrit avec lyrisme: « Ô, je t'ai enfin trouvé, toi que je cherche depuis tant d'années! Tu seras le doux compagnon de mes jours solitaires. »

Victor se tord[50] de rire, mais Raphaël reste sérieux. Il perçoit beaucoup de détresse derrière ces messages:

—Victor, tu es cruel et inhumain! Tu n'es pas sensible à la fragilité des femmes!

—Espèce de crétin[51]! Les femmes sont d'excellents stratèges. N'oublie pas: tu es une proie[52]! Le langage est un piège[53]!

Après avoir lu tous ses e-mails, Raphaël doit avouer[54] que ses correspondantes manquent d'imagination. Globalement, tous les messages sont descriptifs et ennuyeux comme les pages d'un annuaire téléphonique. L'expérience est négative. Pour l'instant, il n'y a rien de bien intéressant...

—Qu'est-ce que tu vas faire? lui demande Victor. Tu vas répondre à ces e-mails?

—Bien sûr! Je vais envoyer un petit mot gentil pour dire que je ne suis pas intéressé. On peut dire 'non' avec le sourire, tu ne crois pas?

---

[47]*caresses, kisses*   [48]*distresses*   [49]*to awaken*   [50]*se... doubles over*   [51]*espèce...*
idiot   [52]*prey*   [53]*trap*   [54]*to admit*

Nice

En deux jours, Lucette a reçu une centaine de messages du monde entier!

Elle téléphone à toutes ses copines.

—On dirait que la terre est peuplée de célibataires. Je suis totalement bluffée[55]: il y a l'embarras du choix[56]! se réjouit-elle.

—Comment fais-tu ta sélection? lui demande Léa, sa copine de bons et de mauvais jours, sa confidente et sa complice.

—Je regarde d'abord les photos. L'expression du visage et la position du corps, tout cela est révélateur.

—Tu ne devrais pas te fixer sur le physique, lui conseille judicieusement sa mère. La beauté ne se mange pas en salade.[57]

—Merci pour tes bons conseils, maman. Mais quand même. Tu dois comprendre que l'attirance physique, ça compte.

—Une photo ne dit pas grand-chose. En plus, on peut manipuler une image…

—Ne t'en fais pas, je sais voir derrière les apparences, répond Lucette avec assurance.

Et à Léa:

—Tu me connais Léa, je ne suis pas formaliste.[58] Je trouverais idiot de me limiter à un certain type physique. Ce que je cherche chez un homme, c'est une harmonie ou une allure.[59] Blond ou brun, grand ou petit, athlétique ou mince: ça m'est égal. Je veux qu'il exprime quelque chose, qu'il me touche, qu'il ait du caractère. J'ai été très précise sur ce point.

Lucette passe des heures à observer les photos et à lire les messages qu'on lui a envoyés. Quelle diversité! L'un est chauve,[60] avec beaucoup de classe; l'autre exhibe un tatouage sur l'épaule. Celui-ci est en maillot de bain, celui-là en tenue de golf et cet autre en costume cravate.

Un certain « Onassis » —il ne manque pas d'humour—se présente sur son yacht. (« C'est une façon de dire qu'il est riche, pense Lucette. Quelle vulgarité! ») Avec sa chemise blanche et ses cheveux soigneusement coiffés, « Gégé » a l'air d'un petit garçon sage (« Il a besoin d'une mère. À éviter[61] absolument »); « Zoro » a un sourire artificiel et semble sortir d'un magazine de mode (« Un stéréotype! »).

---

[55]*amazed, impressed aren't everything.*   [56]*il… the only difficulty is who to choose*   [57]La… *Looks*   [58]*rigid*   [59]*certain look, style*   [60]*bald*   [61]*avoid*

« Touareg » vient du Maroc, « Miracle » habite le Sénégal, « Robinson » vit à Lausanne. Toute la francophonie est représentée: il y a même des Roumains et des Vietnamiens qui écrivent un français impeccable.

Certains e-mails occupent trois pages, d'autres se résument à quelques mots. « Caramel » retrace son entière biographie depuis sa naissance; « Tarzan » se limite à l'essentiel et accélère la procédure: « Je t'ai trouvée, je ne te quitte plus. » Plusieurs candidats renvoient le questionnaire de Proust avec leurs propres réponses.

Les demandes sont variées: on cherche le coup de foudre, le mariage blanc, un bon « petit coup »,[62] l'amour éternel; on rêve d'une épouse, d'une sœur, d'une copine, d'une maîtresse. Certains veulent trouver en Lucette tout cela à la fois.

Apparemment, « Cœur à cœur » libère les fantasmes, pense Lucette. Mais quelle uniformité! Personne ne sort du lot.[63] Il manque un petit « je ne sais quoi » qui fera la différence entre tous ces hommes « bien sous tous rapports » et celui que Lucette attend.

---

[62]petit... *fling*   [63]sort... *stands out*

Chapitre 4

Tintin

Montréal

Raphaël s'amuse. « Cœur à cœur » enrichit sa vie. À travers l'abondante correspondance qu'il reçoit chaque jour, il apprend à connaître le cœur des femmes. Mais il s'étonne aussi: les candidates sont ennuyeuses, insignifiantes, identiques, toutes formatées sur le même modèle. Après les avoir éliminées les unes après les autres, il a des doutes sur lui-même: « Au fond, idéalement, qu'est-ce que je veux? » se demande-t-il.

Victor le raisonne constamment:

—Ah, là là! Si je n'avais pas rencontré Nathalie, j'aurais l'embarras du choix, moi! Tu te rends compte,[64] toutes ces filles sont à tes pieds et tu restes de bois[65]! Je ne comprends pas pourquoi tu fais le difficile! Réagis!

Ou encore:

—En fait, tu n'es pas sérieux.

---

[64]te... *realize*   [65]de... *impassive*

Et Raphaël répond:
—Eh bien, non, je ne suis pas sérieux. Je suis un simple amateur. C'est tout.

Mais, par nature, Raphaël est curieux; il a une âme d'explorateur. Il n'a pas exploité tout le potentiel de « Cœur à cœur ». Alors aujourd'hui, il décide d'étudier méthodiquement les candidatures féminines. Et pour être sûr de distinguer des profils atypiques, il inscrit dans la liste de ses critères le mot « artiste ».

Il ne fréquente que des scientifiques. Après tout, pourquoi ne pas prospecter d'autres domaines? Il aimerait bien discuter avec une fille créative. Cela le changerait de son milieu.

Une déception[66] l'attend: les femmes artistes sur « Cœur à cœur » sont très rares. Raphaël étudie leurs dossiers attentivement. « Bof… c'est pas génial… »

Une jeune femme pourtant se détache du lot. Les traits fins de son visage rappellent les portraits de peintres italiens de la Renaissance. Sur la photo présentée dans son dossier de candidature, elle a l'air pleine de vie, en harmonie avec le soleil et le vent. Myriam aussi avait cette pureté, cet air naturel…

Son pseudonyme est « Tintin », le nom du célèbre héros belge de bande dessinée. Elle est illustratrice chez un éditeur[67] de livres pour enfants.

Tintin a de bonnes idées: elle a choisi un prénom masculin; elle a utilisé le questionnaire de Proust pour se présenter et ses réponses sont singulières. Pour une fois, Raphaël est intrigué.

Lui écrire un petit mot, cela n'engage à rien…

1er mars
Chère Tintin,
Quand je me réveille le matin, vous êtes en train de dormir. Six heures nous séparent, et plus de cinq mille kilomètres.
Vous êtes sur la planète France, j'habite sur l'astre américain.
Peut-être sommes-nous faits pour nous entendre?

---

[66]*disappointment*   [67]*publisher*

Je ne connais de Nice que les « salades niçoises », les musées Chagall et Matisse, la promenade des Anglais. J'ai tout à apprendre sur votre jolie ville et sur vous.

En échange, je vous raconterai les hivers glacials de Montréal, je vous ferai découvrir quelques mots exotiques du vocabulaire québécois et vous initierai à la tarte aux bleuets.[68]

Qu'en pensez-vous?

Je vous lirai avec plaisir.

Tristan

Réponse de Lucette:

2 mars

Cher Tristan,

Nice ne se limite pas aux salades niçoises, aux musées Chagall et Matisse, à la promenade des Anglais. Il faut découvrir aussi les charmes de la vieille ville, les grands salons pompeux de l'hôtel Négresco, l'université, les magasins chics du quartier Masséna et tous les petits coins secrets de la cité dont je vous parlerai.

Si vous voulez, je serai votre guide.

Mon amie Léa — ma meilleure amie — qui a séjourné à Montréal, a adoré le quartier chinois. Elle prétend qu'elle y a mangé les meilleurs dim-sums de sa vie. À part cette référence gastronomique,

■ L'hôtel Négresco sur la promenade des Anglais à Nice

---

[68]*blueberries*

je ne sais rien de votre ville et ne connais que peu de choses de votre pays, excepté la passion des Québécois pour la langue française, cette langue qui nous permet aujourd'hui de communiquer...

Parlez-moi de vous; je vous parlerai de moi.

Bien chaleureusement,[69]

Tintin

Stimulé par la réponse de Lucette, Raphaël rédige immédiatement un e-mail:

3 mars

Chère Tintin,

Vous me demandez de parler de moi. C'est bien difficile. Habitué aux tête-à-tête avec mon ordinateur, je n'ai pas vraiment le goût de l'introspection.

Mais je peux vous parler de Montréal, ma ville natale. C'est une cité fascinante parce qu'elle a une double identité: des racines européennes mais le modernisme de l'Amérique du Nord. J'aime beaucoup son architecture à la fois ultra-moderne et historique.

Ici l'atmosphère est jeune: beaucoup d'étudiants étrangers choisissent de venir étudier chez nous parce que l'enseignement est excellent et la qualité de vie très agréable. Quand j'étais à la fac, j'avais des copains italiens, espagnols, marocains. C'est avec eux que j'ai appris à préparer les spaghetti à la carbonara, la paëlla et le tajine[70] au poulet!

À Montréal, j'ai mes endroits secrets: souvent, au printemps, je vais me promener dans la Roseraie du Jardin botanique: imaginez, 10 000 rosiers de toutes les couleurs! Un vrai tableau impressionniste! Mais j'adore aussi les quartiers branchés comme le Plateau Mont-Royal avec ses librairies, ses galeries d'art contemporain et ses bistros joyeux. Enfin, comme j'aime l'exercice physique, je vais souvent skier au Mont-Tremblant, une station de ski située à une heure et demie de la ville. Vous voyez, moi aussi, j'ai mes montagnes! Mais Tintin, ne croyez pas que je cherche à vous « vendre » ma chère ville! Je veux simplement vous donner une idée de mon environnement.

On sonne chez moi! Je crois que c'est mon copain Victor.

Je vous écrirai un autre e-mail un peu plus tard.

Tristan

---

[69]Bien... *warmly*   [70]*Moroccan stew*

Tintin répond par retour de courrier:[71]

4 mars
Cher Tristan,
Je suis comme vous: je n'aime pas beaucoup parler de moi; je préfère généralement écouter les autres.

Mais je crois important de vous expliquer ma présence sur le site « Cœur à cœur ». J'utilise Internet pour élargir[72] mon horizon. Je vous explique: j'adore vivre à Nice. La population ici est chaleureuse. Comme tous les gens du sud, les Niçois entrent facilement en contact les uns avec les autres; ils ont le sourire et sont optimistes. Mais je ne veux pas limiter mon univers à la Côte d'Azur. Le monde est grand, je veux découvrir la richesse des peuples et fréquenter d'autres cultures.

En ce qui vous concerne, vous appartenez à un pays franco-phone et, d'une certaine façon, votre univers m'est familier. Mais vous vivez sur le continent américain; vos paysages sont plus larges et plus sauvages que chez nous et j'ai le sentiment que, de l'autre côté de l'Atlantique, tout est différent. Cela m'attire.

Tristan, je ne vous connais pas encore mais j'ai l'impression que nous nous ressemblons. « Qui se ressemble s'assemble » (c'est un proverbe français que vous connaissez sans doute). Peut-être allons-nous pouvoir construire quelque chose ensemble?

Aujourd'hui, je vous envoie en fichier joint[73] une série de dessins que j'ai créés seulement pour vous. J'espère que cela vous fera plaisir.

Bien chaleureusement,
Tintin

---

[71]*return mail*   [72]*broaden*   [73]*en... as an attachment*

Chapitre 5

Je t'aime un peu, beaucoup, passionnément...

Montréal–Nice

Depuis deux mois, les deux internautes correspondent régulièrement.

Raphaël est séduit par la personnalité de Lucette, stimulé par son intelligence et son style. De son côté, Lucette est charmée par l'esprit, la culture et la courtoisie de Raphaël. Tous deux parlent de leur pays, de leur vie, de leur métier, de leurs projets, de leurs soucis,[74] de leur famille, de leurs amis. Lucette a beaucoup entendu parler de[75] Victor; Raphaël connaît déjà bien Léa.

Bien vite, ils renoncent à leurs pseudonymes respectifs et s'écrivent sous leur véritable identité. Tous les jours. Parfois même plusieurs fois par jour.

---

[74]*worries*   [75]a... *heard a lot about*

■ La place Jacques-Cartier: une
promenade à deux à Montréal

Le « tu » a remplacé le « vous » et les deux correspondants utilisent
des petits surnoms affectueux: Rafou, Phaël, Raph; Luce, Lucinette.

Peu à peu, leurs sentiments évoluent: la curiosité laisse place à
l'excitation; puis un certain trouble s'installe. Le cœur de Lucette bat
quand, le matin, elle ouvre sa boîte aux lettres; Raphaël ressent une
étrange émotion quand il lit les e-mails de Lucette.

Bientôt, les deux internautes s'interrogent sur leurs sentiments.

—J'ai l'impression que je suis amoureuse, explique Lucette à Léa.
C'est bizarre: je n'ai jamais rencontré Raphaël mais je me sens très
proche de lui. Il est vraiment craquant. Je n'arrête pas de penser à lui.

—Je crois que vous devriez vous rencontrer, vous voir, vous
toucher... Le virtuel, c'est bien beau, mais ça ne remplace pas un
contact réel. Pourquoi est-ce que tu ne vas pas à Montréal? Pour le
long week-end de Pâques, par exemple.

—C'est un peu tôt, je crois. On se connaît depuis deux mois
seulement.

—Tu pourrais au moins lui demander son numéro de téléphone.
La voix, ça dit beaucoup de choses, tu sais.

—Oui, tu as raison... Je vais y réfléchir...

De son côté, Raphaël regarde constamment sa boîte aux lettres avec l'espoir d'y trouver un petit mot de Lucette. Depuis un mois, il travaille pour les Chemins de fer canadiens. Il est très content de ce poste mais souvent, il a du mal à se concentrer sur ses activités. Il rêve, les yeux dans le vague.

L'autre jour, son collègue Arnaud lui a demandé:

—Eh! Raphaël! Réveille-toi! À quoi penses-tu? Tu es amoureux?

À vrai dire, Raphaël se pose la question...

Un soir, en rentrant du restaurant avec Victor, il demande:

—À ton avis, comment est-ce qu'on sait qu'on est amoureux, vraiment amoureux?

—Quelle question! Tu es amoureux? demande Victor soupçon-neux.[76]

—Mais non, crétin, puisque je te pose la question.

—Ah bon! Parce que si tu es amoureux, j'espère que je serai le premier à le savoir! Au fait, quoi de neuf[77] sur « Cœur à cœur »?

—Bof... rien de bien intéressant. Tu sais, toutes ces filles, elles n'ont pas grand chose à dire. Mais je viens de te poser une question. Tu peux répondre?

—Eh ben... Je vais te dire. J'ai beaucoup réfléchi à ça dernière-ment. Parce que MOI, comme tu sais, je suis amoureux. J'ai Nathalie dans la peau.[78] Alors écoute: on est sûr d'être amoureux quand on est hanté par la présence d'une femme; quand on a l'impression qu'elle est là, même quand elle est absente, quand la séparation devient intolérable, quand on ne peut plus vivre sans elle.

Raphaël se souvient: avec Myriam, c'était exactement comme ça... Et maintenant, il pense constamment à Lucette, mais il peut vivre sans elle. Donc, il n'est pas amoureux?

—Et à ton avis, comment sait-on qu'on a rencontré la femme de sa vie?

—Alors là, j'ai la réponse, explique Victor sur un ton docte.[79] Tu sauras que tu as rencontré la femme de ta vie quand tu te diras: 'Cette femme, je veux qu'elle soit la mère de mes enfants.'

Raphaël examine Victor avec stupéfaction.

—Qu'est-ce que tu as à me regarder comme ça?

—Alors là, tu m'étonneras toujours, Victor. D'où te vient cette science amoureuse?

—De mes multiples expériences, cher ami!

---

[76]*suspicious*   [77]quoi... *what's new*   [78]dans... *under my skin*   [79]*didactic*

Chapitre 6

... pas du tout

1er avril
Cher Raph,
J'ai très envie d'entendre ta voix. Téléphonons-nous! J'aurai
l'impression que tu existes vraiment si tu me parles.
    Tendrement,
Luce

1er avril
Ma jolie Luce,
Le téléphone risque de casser la magie de notre relation. Attendons
quelques semaines avant de nous parler. Comprends-moi: j'adore
t'écrire. Les préliminaires, c'est important. Nous n'avons pas besoin
de nous presser. Attendons de mieux nous connaître et d'être sûrs
de nos sentiments. Pourquoi brûler les étapes[80]? Sois patiente!
    Je t'embrasse et te serre dans mes bras.
Raphaël

---

[80]brûler... *rush things*

Dans la relation de Lucette et de Raphaël, il y a, depuis quelques semaines, un peu de tension. Lucette a bien réfléchi: Léa a raison. Il faut que les choses évoluent. Le téléphone permettra d'entrer dans la réalité et de donner corps aux sentiments.

Mais Raphaël est paniqué par la tournure des événements: tout cela est trop sérieux et va trop vite! Il se voit déjà la bague au doigt,[81] avec une belle-mère sur le dos! Ah! S'il pouvait en parler à Victor… mais comment faire? Jusqu'à présent, il lui a caché son amourette avec Lucette… Victor ne le lui pardonnera jamais.

Pour Lucette, les résistances de Raphaël sont suspectes: qui sait si ce Raphaël n'est pas un homme marié qui se moque d'elle, un pervers qui s'amuse, un retraité qui s'ennuie… Ses copines la mettent en garde.[82] Léa: « Ton Raphaël, c'est un amateur! Qu'est-ce que ça peut lui faire de te donner son numéro de téléphone? Il cache quelque chose, c'est certain. Fais attention. Tu vas avoir une mauvaise surprise. » Sa mère s'étonne: « Ce garçon a pourtant l'air sérieux… je me demande pourquoi il ne veut pas te parler… Il faudra pourtant bien que vous puissiez vous voir un jour! » Son père est plus rationnel: « Laisse-le vivre, ce garçon: si tu fais pression, c'est le meilleur moyen de le décourager. »

Lucette doute. Elle n'arrive plus à travailler. Elle est obligée de refaire ses dessins dix fois et son éditeur n'est pas content parce que le dictionnaire qu'elle est en train d'illustrer a pris du retard.

Dans sa tête, mille questions se télescopent: « Pourquoi Raphaël refuse-t-il de me donner son numéro de téléphone? S'il n'était pas sur la liste rouge,[83] il y a longtemps que j'aurais obtenu ce numéro. D'ailleurs, pourquoi est-il sur la liste rouge? Est-ce que je suis sur la liste rouge, moi? Non. Je n'ai pas peur des coups de fil. Je n'ai rien à cacher. Tout le monde peut m'appeler. »

« Il paraît que sur les sites de rencontres Internet, tout le monde ment. Qui se cache derrière cet aimable correspondant? Mon voisin du dessous? L'épicier du coin? J'ai le sentiment que Raphaël n'est pas plus québécois que moi! Je suis victime d'une mystification.[84] »

Souvent elle soupçonne Victor: « Je suis sûre que ces deux-là me font marcher,[85] qu'ils s'amusent de ma sincérité et rient de mes confidences. »

---

[81]la… *married*   [82]mettent… *warn*   [83]liste… *list of unlisted numbers*   [84]*hoax*
[85]me… *are tricking me*

Elle imagine les deux amis en train de lire ses e-mails et de se moquer d'elle. Cette idée est intolérable. Eh bien non, elle ne va pas se laisser mener en bateau[86]!

———————

Raphaël,
J'ai bien réfléchi. Ma demande n'est pas extravagante. Je sollicite une dernière fois ton numéro de téléphone.
    C'est vraiment ridicule de s'opposer sur une question aussi bête.
    J'attends.
Luce

Luce, Lucinette,
N'insiste pas, s'il te plaît. On était bien d'accord pour apprendre à se connaître avant d'engager quelque chose de sérieux. Je te trouve adorable; je pense sans arrêt à toi: laisse-moi le temps de savourer cette période.
    Je t'embrasse,
Raph

Raphaël,
Je crois que tu as peur. Le téléphone, c'est un prétexte pour prendre de la distance avec moi. Bon. Comme tu veux. Ce n'est pas la peine de me répondre. Je ne lirai pas tes e-mails. Tu veux réfléchir? Moi aussi. Prends ton temps.
Lucette

« Est-ce une rupture? » se demande avec angoisse Raphaël. Pour oublier, il se plonge dans son travail. Le matin, il arrive le premier à son bureau; le soir, il part le dernier. Lucette, de son côté, rétablit son rituel des plateaux-repas solitaires devant sa télévision. Elle est très irritée: « Je ne demandais pas la lune, quand même! »

Deux semaines passent; les boîtes aux lettres restent vides; chacun campe sur ses positions. Mais un soir, en rentrant de son travail, Raphaël ne tient plus.[87] C'est décidé: il va appeler Lucette lui-même, immédiatement. Il faut qu'il lui parle. C'est impératif. Même si en France, c'est déjà la nuit…

---

[86]se… *let herself be taken for a ride*   [87]ne… *can't hold out any longer*

L'annuaire des pages blanches est sur Internet. En deux minutes le numéro de Lucette apparaît: elle n'est pas sur la liste rouge. Raphaël va lui faire une surprise! Elle va être si contente!

Mais soudain Raphaël se paralyse. Myriam... Il y a deux ans, il a voulu lui faire une surprise... C'était un soir où elle devait réviser ses examens. Il a eu l'idée de passer la voir à l'improviste,[88] juste deux minutes, pour lui dire qu'il l'aimait, pour lui donner du courage. Il sonne chez elle. La porte s'ouvre...

Non! Il faut tuer cet horrible souvenir. Il faut oublier; il faut faire confiance à nouveau.

Mais Raphaël est encore fragile... Faire une surprise à Lucette? Et si c'est une voix d'homme qui répond? Et si elle lui raccroche au nez? Non, non... Il vaut mieux ne pas courir ce risque. Il vaut mieux ne pas téléphoner et lui laisser l'initiative.

Luce, Lucinette,

J'avais tort. Je suis un parfait crétin. Tu me manques[89] terriblement: la tarte aux bleuets a un goût d'arsenic et s'il y avait encore de la neige, je te dirais qu'elle est grise.

Pardonne-moi. Mon numéro, le voilà: 514-222-7345. Je suis heureux de te le donner et j'attends ton coup de fil. Sans toi, je suis mort.

Raphaël

Mais Lucette résiste. Une réconciliation à si bon prix? Jamais. Elle s'entête[90] dans son silence et ne répond pas à cet e-mail pacifique. « Il est trop tard, pense-t-elle. Ce numéro de téléphone, je l'ai obtenu dans un rapport de forces. Si Raphaël avait vraiment été sincère, il m'aurait donné son numéro spontanément. »

Et Léa, comme toujours, met son grain de sel: « Si ton Raphaël avait été sérieux, il t'aurait demandé ton numéro quelques jours après votre rencontre. Laisse tomber. »

Semaine après semaine, les e-mails de Raphaël s'accumulent dans la boîte aux lettres de Lucette. Raphaël ne comprend pas. Pourquoi n'appelle-t-elle pas? Pourquoi n'écrit-elle pas? Est-elle encore fâchée? Malade? A-t-elle rencontré quelqu'un d'autre? C'est si facile sur Internet!

Tourmenté, il finit par se confier à son copain Victor. Après avoir enduré ses reproches (« Comment, tu ne m'as rien dit? ») et ses

---

[88]à... *unexpectedly*   [89]Tu... *I miss you*   [90]*persists*

moqueries (« Te voilà pris au piège! »), il doit tolérer ses conseils (« Laisse tomber, tu as des milliers d'opportunités devant toi ») et ses insinuations (« Cette Lucette est peut-être une vieille dame à moustaches! Qui te prouve que c'est bien la beauté blonde de la photo qui t'a écrit et non pas André, un chauffeur routier[91] à la recherche d'une aventure? »).

À Montréal, Victor s'active pour changer les idées de son ami: « Tu ne vas pas déprimer[92] à cause d'une nana, quand même! Attends, je vais te préparer un programme d'enfer[93]: week-ends avec des potes, sorties en boîte, dîners au restaurant, musculation. »

Mais les efforts de Victor se servent à rien. Raphaël a perdu le sourire. Lucette, la chère absente, le hante. « Voilà, maintenant, je suis sûr que je suis amoureux », se lamente-t-il.

Un mois passe…

À Nice, Lucette pense toujours à Raphaël. Chaque fois qu'une hirondelle passe devant sa fenêtre, son cœur se serre. Raphaël, lui aussi, aime cet oiseau charmant…

Avec le temps, ses doutes s'apaisent et sa colère tombe. « Peut-être faut-il donner une deuxième chance à Raphaël. J'ai été dure, quand même… J'ai son numéro, maintenant. Je pourrais peut-être essayer de l'appeler… »

À nouveau, les deux Lucettes s'opposent. L'optimiste lui dit: « Vas-y, appelle! Cette querelle a assez duré. Après, il sera trop tard. » La pessimiste continue: « Ces types,[94] ils sont tous les mêmes. Lâches,[95] égoïstes, infidèles… Au moment où il s'agit de s'engager, il n'y a plus personne. »

Un soir de mai, pourtant, l'optimiste neutralise la pessimiste. Et c'est une Lucette courageuse qui, le doigt tremblant, compose le numéro de Raphaël: 514-222-7345.
Rien. Silence total.

« Quelle idiote! se dit-elle. J'ai oublié de composer le préfixe pour l'étranger et l'indicatif du pays. »

Elle recompose le numéro en le faisant précéder du double zéro et du 1 pour le Canada: 00-1-514-222-7345.

---

[91]chauffeur… *truck driver*   [92]*get depressed*   [93]programme… *hellish schedule*
[94]*guys*   [95]*Cowardly*

Une voix féminine répond: « Le numéro que vous avez composé n'est plus attribué.[96] »

Comment? Raphaël lui a donné un mauvais numéro! Ce n'est pas possible! Il ne serait pas cynique à ce point!

Elle recommence en faisant très attention. Le téléphone sonne... Un homme parle... C'est un message enregistré sur un répondeur: « Allô bonjour, bienvenue chez Raphaël. Votre message est important pour moi. Alors, ne raccrochez pas. Je suis absent pour le moment, mais je vous rappellerai dès mon retour. » La voix est grave, profonde, surprenante. On dirait une voix de baryton.

L'émotion paralyse Lucette. Quel message laisser? Les minutes passent. Les mots dansent dans sa tête. Toutes les phrases qu'elle a préparées lui semblent stupides, artificielles, inadaptées.

Et tout à coup, elle dit: « C'est moi. »
Et elle raccroche.

---

[96]n'est... *has been disconnected*

Activités pour les étudiants

A. Avez-vous compris?

Chapitre 1

1. Faites le portrait de Raphaël et de Victor: décrivez leur caractère et leur physique. Montrez que leurs personnalités s'opposent. Lequel (*Which one*) des deux pourrait être votre ami? Pourquoi?

2. Comment réagit Raphaël quand Victor mentionne le nom de Myriam? Expliquez sa réaction. Imaginez ce qui s'est passé entre elle et lui.

3. Comment vit Lucette? Comment ressent-elle (*is she affected by*) sa solitude? Quels sentiments vous inspire cette jeune femme? Connaissez-vous, parmi vos amies, des jeunes femmes qui lui ressemblent?

4. Que dit l'article du magazine *Elle* sur les rencontres Internet? D'après les témoignages (*testimonials*) cités dans l'article, que cherchent les gens inscrits?

Chapitre 2

1. À votre avis, pourquoi Victor insiste-t-il pour que Raphaël s'inscrive sur le site « Cœur à cœur »?

2. Pourquoi Lucette hésite-t-elle à s'inscrire? Que lui disent ses deux voix?

3. Que pensez-vous des réponses de Lucette au questionnaire de Proust? Quelles réponses vous étonnent le plus? Pourquoi?

4. Après son inscription sur le site « Cœur à cœur », Lucette a « le sentiment réconfortant du devoir accompli ». Expliquez le sens de cette expression. À votre avis, Lucette fera-t-elle de beaux rêves? Pourquoi?

Chapitre 3

1. Quelle surprise attend Raphaël après son inscription sur le site « Cœur à cœur »? Partagez-vous son étonnement?

2. Réagissez aux différents messages envoyés à Raphaël: que ressentez-vous (*do you feel*) à la lecture de ces e-mails? Avez-vous envie de rire, comme Victor, ou êtes-vous touché(e) comme Raphaël? Expliquez votre réaction.

3. Pourquoi Raphaël décide-t-il de répondre à tous les e-mails qu'il a reçus? Quel trait de son caractère révèle-t-il ici?

4. Que pensez-vous des hommes qui ont répondu à Lucette? Parmi eux, lequel vous semble le plus intéressant? À la place de Lucette, que feriez-vous?

5. Finalement, que reprochent Raphaël et Lucette à tous leurs correspondants?

Chapitre 4

1. Comment expliquez-vous le manque d'enthousiasme de Raphaël pour les réponses qu'il reçoit? Que reproche Victor à son copain?

2. Quels aspects de Lucette charment Raphaël? Pourquoi prend-il la décision de lui écrire?

3. Que percevez-vous à travers les e-mails échangés par les deux correspondants? Comment voyez-vous la suite (*rest [of the story]*)?

4. Pourquoi Lucette est-elle attirée par les pays étrangers? Que recherche-t-elle? Partagez-vous sa vision?

5. D'après les descriptions de Lucette et de Raphaël, quelles sont les caractéristiques de Nice et Montréal? Quelle ville vous attire le plus? Expliquez votre point de vue. À quelles villes américaines ressemblent ces deux villes?

Chapitre 5

1. Comment la relation entre Lucette et Raphaël a-t-elle évolué? Qu'est-ce qui a changé dans leur manière d'écrire? Que révèlent ces changements sur leurs sentiments?

2. À votre avis, pourquoi Lucette n'a-t-elle pas pensé elle-même à demander le numéro de téléphone de Raphaël? A-t-elle réellement envie de rencontrer son correspondant?

3. Victor soupçonne-t-il l'aventure de Raphaël avec Lucette? Pourquoi Raphaël ne lui parle-t-il pas de Lucette?

4. Que pensez-vous de la science amoureuse de Victor? Êtes-vous d'accord avec ses définitions?

Chapitre 6

1. Que se passe-t-il entre Lucette et Raphaël? S'agit-il d'un simple malentendu (*misunderstanding*) ou d'une incompatibilité fondamentale? Combien de temps dure la dispute? À votre avis, la relation est-elle menacée? Pourquoi?

2. Quelle surprise Raphaël veut-il faire à Lucette? Pourquoi renonce-t-il au dernier moment? Imaginez ce qui a pu se passer avec Myriam.

3. Quand Lucette reçoit le numéro de téléphone de Raphaël, pourquoi n'appelle-t-elle pas immédiatement? Quels sont ses arguments? Que feriez-vous à sa place?

4. Lucette finit par appeler Raphaël: dans quel état mental et nerveux est-elle? Que pensez-vous de son message?

B. Langage: « Les expressions idiomatiques et les proverbes »

Les expressions idiomatiques sont des expressions imagées qui donnent à la langue une saveur toute particulière. Les proverbes expriment la sagesse (*wisdom*) populaire. En vous servant du contexte, devinez leur sens.

1. « Trouvera-t-il chaussure à son pied? » (chapitre 1)
   a. Trouvera-t-il des bonnes chaussures de foot?
   b. Trouvera-t-il la partenaire idéale?
   c. Trouvera-t-il des chaussures à sa taille?

2. « Je suis en main. » (chapitre 2)
   a. Je suis déjà pris.
   b. Ma petite amie me contrôle.
   c. Je me suis blessé à la main.

3. « Les dés sont jetés. » (chapitre 2)
   a. J'ai fini de jouer.
   b. Le destin est en marche.
   c. La chance est avec moi.

4. « La beauté ne se mange pas en salade. » (chapitre 3)
   a. La beauté ne dure pas.
   b. La beauté n'est pas tout.
   c. La beauté est comme la salade: certains l'aiment; certains ne l'aiment pas.

5. « Qui se ressemble s'assemble. » (chapitre 4)
   a. Les gens qui se ressemblent se marient.
   b. Le destin favorise les rencontres.
   c. Les gens aiment se réunir.

6. « J'ai Nathalie dans la peau. » (chapitre 5)
   a. Nathalie me fait du mal.
   b. Nathalie me donne des allergies.
   c. J'aime Nathalie et personne d'autre.

7. « Pourquoi brûler les étapes? » (chapitre 6)
   a. Pourquoi aller trop vite?
   b. Pourquoi risquer de se brûler?
   c. Pourquoi condamner cette relation?

8. « Elle ne va pas se laisser mener en bateau. » (chapitre 6)
   a. Elle ne va pas quitter le bateau de l'amour.
   b. Elle ne va pas s'enfuir (*run off*) en bateau.
   c. Elle ne va pas se laisser duper (*let herself be tricked*).

9. « Léa met son grain de sel. » (chapitre 6)

   a. Léa intervient.

   b. Léa critique sévèrement Lucette.

   c. Léa est irritée.

C. Prenez la parole!

L'univers de Raphaël et Lucette, de Victor et de Léa n'a plus de secrets pour vous. Vous allez pouvoir maintenant exprimer vos sentiments sur ces personnages, sur leurs actions et sur leurs réactions. Avec vos camarades, engagez des dialogues, des discussions passionnées, des débats animés; devenez auteur et acteur à travers des jeux de rôle.

1. **Qui es-tu?** Remplissez le questionnaire de Proust. Puis mélangez les questionnaires et distribuez-les dans la classe. Ensuite, retrouvez la personne décrite dans le questionnaire que vous avez sous les yeux.

2. **Question d'âge.** « Je n'ai aucun préjugé défavorable à l'égard des femmes plus âgées. Au contraire: elles sont plus tendres, plus attentives et très belles » (chapitre 2). Discutez cette opinion de Raphaël. Connaissez-vous des couples où les deux partenaires ont une grande différence d'âge? Comment vivent-ils cette situation?

3. **Sur les femmes.** « Les femmes sont d'excellents stratèges » (chapitre 2). Discutez ce préjugé de Victor dans un débat où vous argumenterez « pour » ou « contre » cette idée.

4. **Priorité au contact.** Léa recommande à Lucette de rencontrer Raphaël parce que « le virtuel, c'est bien beau, mais ça ne remplace pas un contact réel » (chapitre 4). Répondez-lui en exposant vos arguments et en donnant des exemples.

5. **À la place de Lucette.** Jouez le rôle de Lucette dans la scène du téléphone: Laissez sur le répondeur de Raphaël le message d'une Lucette optimiste, puis d'une Lucette pessimiste.

6. **À la place de Raphaël.** Que va-t-il se passer quand Raphaël va trouver le message de Lucette? Écrivez vos idées sur une feuille. Pliez-la en quatre. Mélangez tous les papiers. Un étudiant va choisir au hasard cinq papiers et les lire à la classe. Discutez ces idées.

D. Qu'en pensez-vous?

Les aventures de Raphaël et de Lucette soulèvent des questions importantes. C'est le moment pour vous de donner votre avis personnel, d'exprimer vos idées, de parler de vos expériences et de comparer la culture européenne avec la culture nord-américaine. Répondez à ces questions par écrit ou oralement.

1. **Vive l'amitié!** Que pensez-vous de l'amitié de Raphaël et Victor? de Lucette et Léa? Présentez votre meilleur(e) ami(e) en insistant sur ses qualités mais en mentionnant aussi ses défauts. A-t-il/elle une réelle influence sur vous? Donnez un exemple.

2. **Le bonheur à deux.** Les sites de rencontre Internet ont beaucoup de succès. Tout le monde veut trouver un compagnon ou une compagne. Pensez-vous que, pour être heureux, on est obligé d'être deux? Donnez des exemples en citant vos amis ou votre famille.

3. **Les différences culturelles.** Lucette est française; Raphaël québécois. À votre avis, la différence de culture est-elle un avantage ou un inconvénient dans une histoire d'amour? Expliquez votre point de vue.

4. **Les sites de rencontre Internet.** Que pensez-vous des sites de rencontre? Quels dangers présentent-ils? Quels sont les sites les plus connus aux États-Unis et au Canada? Vous êtes-vous déjà inscrit(e) sur l'un de ces sites? Connaissez-vous des gens qui se sont rencontrés sur Internet? Racontez quelques anecdotes.

Notes et suggestions aux professeurs

This section includes the following:

- **Explorer les cultures francophones:** Chapter-by-chapter notes and suggestions for cultural activities and research projects.
- **Pratiquer le vocabulaire et la grammaire:** Activities that review vocabulary and structures typically found in first-year programs, and activities centered around the contemporary language and idiomatic expressions found in each story.
- **Faire le point:** A culminating activity for each story that allows students to express their reactions to the story as a whole.

Many of the cultural activities and research projects are best assigned as students progress through the stories, since they will serve to deepen students' understanding of the cultural topic and inform their reading. However, the cultural activities may be used effectively as follow-up activities as well. The vocabulary, grammar, and culminating activities are best completed once students have read the story in its entirety.

Porte ouverte

A. Explorer les cultures francophones

Chapitre 1

Le bac. Ask students what the significance is of the sentence: « **Le bac, c'est une affaire d'état.** » Have students compare French and North American college entrance procedures. Ask them which system they prefer and why.

Recherche culturelle: If students are not familiar with the **baccalauréat** exam and its importance in France, have them consult the French government site using a French search engine and the keyword **baccalauréat.** There they will find information on the exam schedule, descriptions of the organization of the exam, the grading system, the number of candidates, success and failure percentages, and so forth.

Chapitre 2

1. **Paris et ses arrondissements.** Before assigning **Chapitre 2,** have students look at the **arrondissement** map of Paris in the chapter. As students read the chapter, have them locate the places mentioned in the story and the **arrondissement** in which each apartment is located.

   Recherche culturelle: Have students use the Internet to research the **arrondissements** mentioned in the story. Ask them to write a profile of their favorite **arrondissement** and have them say why they would like to live there. They may also visit a Paris real estate agency site **(agence immobilière)** and find an apartment to rent in "their" **arrondissement.**

2. **Appartements à la française.** Bring in photos downloaded from the Internet of the types of apartments mentioned in the story— **immeubles haussmaniens, hôtels particuliers,** and so on. This will give students a better idea of what types of apartments Carole is looking at during her search. Explain the concept of **la chambre de bonne.** Mention that in recent times these rooms have become harder to find, since many have been reconfigured and converted into larger apartments.

   Recherche culturelle: Have students find out more about how Haussmann transformed Paris, or have them prepare a report on the most famous **hôtels particuliers** in Paris.

3. *De Particulier à Particulier.* This newspaper is a Parisian institution. Everyone who is either selling or renting an apartment or house or who is looking for one or the other uses this newspaper. The paper also has a popular online version.

   Recherche culturelle: Have students visit the website of *De particulier à Particulier* to see the way French rental ads are written. Point out the use of cognates such as **duplex, loft, concierge,** and explain the meaning of **deux pièces** and other such terms. Have students convert square meters into square feet so they can get a notion of the size of the apartments. Have them write ads for the apartments that Carole visits in the story or ask them to choose apartments for her to visit according to what they know about her preferences. Students should be able to justify their choices.

4. **À la recherche d'un appartement.** Your students may be surprised that Carole's mother is accompanying her on her apartment hunt. Ask students to tell how they found their current lodging.

Chapitre 3

1. **La colocation.** Explain to students that the notion of roommates is typically American and that this trend has only recently begun to catch on in France. In fact, the film *L'auberge espagnole* was partially responsible for launching this trend. If you have access to the video, you may wish to have students watch the film and then discuss it in class.

   Recherche culturelle: Have students use the Internet to find out more about the cultural phenomenon of **colocation** by using a French search engine and the keyword **colocation.** Then ask them to write an article about it for a French newspaper. Students may title their article « **Tous les journaux en parlent** ». Based on what they discover, the article could feature interviews with French students about how they feel about having a roommate.

2. **Pour et contre la colocation.** Have students make their own list of the pros and cons of having a roommate. Then have them interview each other about their preferences.

3. **Les Jeudis de la colocation.** Organize a « **Jeudi de la colocation** » in class. A third of the class writes ads for their favorite Parisian apartments or an apartment in their own town. The rest of the class tries to find a place to live and the perfect roommate by interviewing the students about their apartments and themselves. Apartment renters then describe the apartment and roommate they chose and explain their choices.

B. Pratiquer le vocabulaire et la grammaire

1. **Les mots apparentés.** Have students find the cognates in the story. Have them identify the true cognates and the **faux amis** and use them in original sentences.

2. **L'art des salutations.** Lulu uses the expression **À plus** to say goodbye to Carole. Ask students what other French expressions they know for greeting people and bidding them farewell. Have them explain when and to whom they are used. Ask students to find additional examples in the text.

3. **Argumenter.** Have students work in pairs. Ask them to incorpo-
rate the expressions **tu es trop, on va s'éclater, c'est la galère** in
a lively dialogue about one of the following situations:

■ **Vous allez au cinéma ce soir. Quel film choisir? Votre
meilleur(e) ami(e) et vous n'êtes pas d'accord...**

■ **Pour la première fois, vous devez aller dîner chez vos parents
avec votre petit(e) ami(e). Patiemment, vous l'attendez. Elle/Il
arrive en retard d'une heure...**

4. **L'emploi du partitif.** Carole and her mother have a bite to eat in
the café. Have students imagine what kind of sandwich Carole
ate using the partitive article and the food vocabulary they know:
Dans le sandwich de Carole, il y a du jambon, ...

5. **L'emploi de l'impératif.** Have students transform Carole's **règlement** (page 16) to the imperative form. They may add their own
rules as well.

6. **Les constructions interrogatives.** Have students find examples
of questions with **est-ce que,** inversion, or intonation in the
story and have them ask someone the same question using a
different form.

C. Faire le point

C'est vous le/la critique. The ending of the story should provoke
discussion about the story in general and its conclusion. As a wrap-
up activity ask students to comment on the following:

■ what section they liked the best and why

■ what surprised them the most

■ what they think of Carole

■ what they learned about Paris

Now, have students imagine a different ending to the story.

Tu danses?

A. Explorer les cultures francophones

Chapitre 1

1. **La géographie des Antilles.** Have students locate Guadeloupe
and the places mentioned in the first chapter on a map: **la Basse-
Terre, la Grande-Terre, la Rivière salée, Pointe-à-Pitre, la Marie-
Galante, le volcan de la Soufrière,** and **la Côte-sous-le-Vent.**

Have students explain why Guadeloupe is referred to as « l'île papillon ».

 Recherche culturelle. Have students visit Internet sites for Guadeloupe and research the places listed in the previous exercise. Have them download photos and write captions based on their research.

2. **Recherche culturelle.** Have students use a French search engine and the keywords **voyage discount Guadeloupe** to find websites for "last minute" discount tour packages to Guadeloupe. Have them choose a tour package, describe it orally or in writing, and explain why they chose that particular one.

Chapitre 2

1. **Recherche culturelle.** Have students use the Internet to find out more about Antillais Creole and Louisiana Creole cuisines. Both cultures use the term "creole" and both cuisines feature similar types of dishes—gumbo and creole rice, for example. Ask students to make a list of the most typical dishes for these cuisines and create a Creole buffet based on their research. The buffet should include hors d'œuvres, meat, fish, Creole specialties, and desserts. If possible, have students bring in photos of the dishes they choose.

2. **Les recettes créoles.** Have students prepare several authentic Creole dishes from their buffet to share with the class and have them distribute the recipes.

Chapitre 3

1. **Recherche culturelle.** Have students use the Internet to plan a day trip from **Pointe-à-Pitre** to the **volcan de la Soufrière.** Ask them to explain how they would get there and what they would see and do during their excursion.

2. **La biguine.** Have students find out more about Caribbean music and the origins of the dance, **la biguine.**

Chapitre 4

1. **La chanson française.** In class, play the songs of Édith Piaf and France Gall mentioned in the story for the game « **Toi et moi** ». You may distribute copies of the lyrics and leave blanks for all of the verbs (or some other part of speech). Students fill in the missing words as they listen.

2. **Comment devenir parolier?** Have students write lyrics for a song that contains the refrain **toi et moi.**

3. **Recherche culturelle.** Have students research the life and discography of the quintessentially French singer, Édith Piaf. Using a photo, one student describes her physical characteristics, another gives a brief biography, and a third presents a list of her most famous songs.

Chapitre 5

1. **Les cultures antillaise et louisianaise.** Many students may be unaware of the relationship between **la culture antillaise** and **la culture louisianaise** and have little knowledge of the Creole tradition in Louisiana. They may find it interesting to know that present-day Creoles in Louisiana are those African-Americans who identify with the Creole culture and language (CAAVE [Creole African-American Vernacular English]) based on their heritage. The determining factor for most is that their parents and/or grandparents spoke a type of French. Have students research the history of Creole culture and language from Africa to present-day Louisiana and present their findings to the class.

2. **Recherche culturelle.** Have students research the traditions and celebrations of the **Antillais** and compare them with those of the Louisianians: for example, **le Mardi Gras** in New Orleans and **le carnaval** of the Antilles.

B. Pratiquer le vocabulaire et la grammaire

1. **Comment s'habiller?** Review clothing vocabulary by asking what one wears on this type of resort vacation while at the beach, at a **soirée,** or on a hike.

2. **Le langage des banlieues.** Many contemporary French slang words and popular expressions used by students and young people have their origins in the Paris suburbs. To give students more exposure to these expressions, have them analyze a song by the French singer Renaud (*Dans mon H.L.M.* or *Laisse béton*) or show a scene from the film *La Haine* by director Mathieu Kassovitz (1995), which illustrates perfectly **le langage des banlieues.** Ask students to identify all the popular and slang expressions in the song or scene. Next, have them guess the meaning of these words according to the context. Then, explain their meanings and have students use them in brief role-plays.

3. **L'emploi du verbe + infinitif.** Divide the class into two groups and have each group make a list of activities from the story: **bronzer, danser, draguer, faire de la planche à voile, faire des randonnées, flirter, lire, manger des fruits de mer, se maquilller, nager,** and so on. (This can also be done ahead as homework.) Have various students act out the activities and then name one character from the story who likes to do that activity.

4. **Le superlatif.** Ask students the following questions about the story to practice the superlative.

- **Qui est la plus belle de toutes les filles? Pourquoi?**
- **Qui est le plus/le moins macho du groupe? Pourquoi?**
- **Qui est le plus/le moins sensible du groupe? Pourquoi?**
- **Qui est le plus/le moins sérieux du groupe? Pourquoi?**
- **Qui est le plus/le moins intelligent du groupe? Pourquoi?**
- **Qui a l'esprit le plus/le moins ouvert? Pourquoi?**
- **Qui est la personne la plus aventureuse? Pourquoi?**
- **Qui est la personne la plus/la moins sympathique? Pourquoi?**

To provoke debate, you could divide the students into groups by gender to answer the questions and then have them compare their answers. As a follow-up, you may wish to assign an essay asking students to answer one or two of the questions and explain their opinions. Be sure they provide adequate supporting material for their position and argument.

C. Faire le point

C'est vous le/la critique. The ending to this story should provoke discussion about the story in general and its conclusion. As a wrap-up activity, ask students to comment on the following:

- what section they liked the best and why
- what surprised them the most
- which character they liked the best, which one they disliked the most, and why
- what they learned about Guadeloupe

Now, have students imagine a different ending to the story.

Voilà!

A. Explorer les cultures francophones

Chapitre 1

1. **Explorer Bruxelles.** Hand out street maps of Brussels to the class. Have students locate the sites mentioned in this chapter on the map. As the story progresses, have them keep track of the various places mentioned in a journal, research the sites, and write travel entries for each place to hand in at the conclusion of the reading of the story.

 2. **Recherche culturelle.** The central action of this story takes place in the **Bibliothèque royale de Belgique.** Have students visit the library's website to find out about its history. Have them share their findings with the class.

Chapitre 2

 Recherche culturelle. Ask students to locate the city of Ostende on a map of Belgium and find out more about its characteristics, main tourist attrractions, history, and so forth. Then have students work in groups to create a compelling home page for a travel agency website that is trying to promote tourism in Ostende. Three students act as judges and select the best home page. They evaluate the various home pages and discuss their choices in a debate before the entire class.

Chapitre 3

1. **La cuisine belge.** As M. Gerberon recounts his story, Mme Gerberon is serving **moules,** a Belgian specialty. Have students research Belgian cuisine, choose a typical dish that sounds particularly appealing to them, and write a description of it.

 2. **Recherche culturelle.** Imagine that several restaurant investment groups are vying for the opportunity to open a Belgian restaurant in your town. Divide the class into groups. Each group will research the menu using the Internet, create it, and assign prices. Each group will also design the restaurant interior and choose a name and location for it. Groups will present their restaurant plans to the class using as many visuals as possible. The class will vote on which restaurant has the best chance for success based on the menu, the décor, prices, and the location chosen.

3. **Recherche culturelle.** Louis' area of interest and expertise are illuminated manuscripts from the Middle Ages. Have students visit the website of the **Bibliothèque royale de Belgique** and those of other libraries to see their collections. Ask them to download and print out photos of illuminations that they find particularly striking to share with the class. They should be prepared to tell the story depicted in the illumination.

Chapitre 4

Tristan et Iseut. Have students research the story of Tristan and Iseut for homework. As a group, have the class tell the story with each student adding a sentence. Write the sentences on a transparency as students add them. As a follow-up, you can use the story to make a **passé composé/imparfait** worksheet in which students fill in the blanks with the appropriate tense.

Chapitre 5

Recherche culturelle. In the story, Louis penetrates the **Bibliothèque royale** by means of an underground passage. The present library, which was built over a period of 15 years (1954–1969), was erected on the site of the former Coudenbourg Palace, which was destroyed by fire in 1731. The foundations of the palace and a series of underground passages and tunnels were recently discovered under the **Place royale.** Visit several Belgian newspaper and magazine websites to find out the details of this discovery. Have groups present this information to the class in the form of a newscast.

B. Pratiquer le vocabulaire et la grammaire

1. **Le vocabulaire des émotions.** Ask students to create from the story a glossary of words and expressions that express emotions. Then, based on the list, have students characterize Mathieu's reactions when he finally realizes that his friend is a thief.

2. **Les expressions idiomatiques.** Have students find the following expressions in the story: **un drôle de coco, en avoir le cœur net, être dans un beau pétrin, être sain et sauf, être un rat de bibliothèque, jouer des tours.** Ask them to use these expressions in comical or dramatic mini-dialogues.

3. **Les verbes pronominaux.** Have students make a list of all the pronominal verbs in the story. Review the conjugations with

them. As a follow-up, have students ask each other questions using these verbs.

4. **Le discours direct.** Ask students to transform the following passage from the story into direct discourse. This will give them the opportunity to use key words and structures typically used in everyday conversation—the personal pronouns **je** and **tu;** the present, imperfect, and future tenses; the **passé composé;** and affirmative, negative, and interrogative sentences.

> « Louis semble tranquille. Sa convocation ne l'inquiète pas du tout. Il considère que la police fait son métier: c'est un contrôle de routine! Par contre, il s'alarme pour moi! Il trouve que j'ai l'air fatigué! Il me prépare des potages et m'interroge discrètement sur ma vie privée: il doit penser que j'ai des peines de cœur! »

C. Faire le point

C'est vous le/la critique. The ending to this story should provoke discussion about the story in general and its conclusion. As a wrap-up activity, ask students to comment on the following:

- what section they liked the best and why
- what surprised them the most
- whether or not they agreed with Mathieu's behavior
- what they learned about Brussels

Now, have students imagine a different ending to the story.

C'est moi

A. Explorer les cultures francophones
Chapitre 1

1. **Recherche culturelle.** Cimiez, the beautiful neighborhood where Lucette lives in the hills of Nice, has an interesting history. Have students use the Internet to find out more about Cimiez's past and share their findings with the class.

2. **Recherche culturelle.** Bring in personal ads from French websites to share with the class. Have students work in groups to create personal ads for Raphaël and Lucette using the French ads as models. (Note: Their ads will be used as the basis for another activity for **Chapitre 2**). Have students describe Raphaël's

physical attributes and personality traits using as many adjectives as possible. Based on the information in the story, imagine what his likes and dislikes would/could be. Do the same for Lucette.

Chapitre 2

1. **L'art de se présenter en quelques mots.** Have the groups discuss the similarities and differences between their versions of the ads for Raphaël and Lucette and the actual ads in **Chapitre 2.**

2. **Le questionnaire de Proust.** Have students fill out the Proust's questionnaire themselves (or create their own personal ads) and post them in the classroom. The class has to guess which profile belongs to whom. Alternatively, depending on your class, you could have students post their ads on a Course Management System such as WebCT or BlackBoard and ask them to select three ads to reply to. Have the students continue the correspondence over the course of the semester. Students try to guess who their correspondents are.

   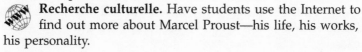 **Recherche culturelle.** Have students use the Internet to find out more about Marcel Proust—his life, his works, his personality.

Chapitre 3

1. **Recherche culturelle.** Have students visit French websites for personal ads using the keyword **persos** and download and print out their favorites—the funniest, the most interesting, the most bizarre, and so on—to share with the class.

2. **Ici on parle français.** Have students research the linguistic variances between standard French and the French spoken in the Canadian province of Quebec.

Chapitre 4

Montréal et Nice. Divide the class into two groups and assign a city to each one. Have each group create a tourist brochure for their city with photos and information about the main attractions, monuments, museums, weather, location, and so forth. Ask the groups to include information about all the places mentioned by Lucette and Raphaël in their e-mails. Then have students discuss the pros and cons of each city and explain which city they prefer and why.

Chapitre 5

1. **Tristan et Tintin.** Raphaël and Lucette both choose famous names as their screen names. Have students explain who these famous characters are. If they aren't familiar with these characters, have them research them and report their findings to the class. Ask students to speculate about why Raphaël and Lucette chose these screen names and what significance these names have in the story. Have them also discuss the advantages and disadvantages of screen names in general.

2. **Recherche culturelle.** Ask students why authors use pseudonyms. Have them find out the real names of Molière, Voltaire, George Sand, and Marguerite Yourcenar.

Chapter 6

Recherche culturelle. Have students explore the Internet site of the online French telephone directory—**les Pages blanches.** Have them look up their family name or another name of their choosing. Then ask them to write simple instructions in French on how to look up an entry in this directory. Finally, have them find out what telephone codes they need to use to call France from their city.

B. Pratiquer le vocabulaire et la grammaire

1. **Le vocabulaire Internet.** Have students make a list of computer and Internet-related terms—**cliquer, courrier électronique, fichier joint, fournisseur d'accès, internaute, logiciel, ordinateur, page d'accueil, souris, toile,** and so on. Review the list with students and have them ask each other questions using this vocabulary.

2. **Les expressions idiomatiques et les proverbes.** Ask students if they can find the English equivalents of the expressions and proverbs from the **Langage** section on pages 113–115. Now have them write several sentences incorporating each of the expressions in its proper context.

3. **Utiliser les temps du passé.** Have students write a composition describing their meeting with their first boyfriend or girlfriend. Ask them to use the **passé composé, imparfait,** and the verbs **voir** and **croire.**

4. **Pratiquer la phrase négative.** Have students work in pairs to find sentences in **Chapitre 6** (or any of the other chapters) that contain the following: **souvent, parfois, tout, constamment,**

toujours, tout le monde, quelques, quelqu'un, encore. One student reads the sentence and the other transforms it using the appropriate negative construction. Students then use each of the negative constructions in an original sentence about the story or themselves.

5. **L'emploi du subjonctif.** Ask students to complete the following sentences based on the story:

- **Victor et Léa veulent que...**
- **Lucette doute que...**
- **Lucette a peur que...**
- **Raphaël a peur que...**
- **Il est certain que...**
- **Il est peu probable que...**

C. Faire le point

C'est vous le/la critique. The ending to this story should provoke discussion about the story in general and its conclusion. As a wrap-up activity, ask students to comment on the following:

- what section they liked the best and why
- what surprised them the most
- whether or not they agreed with Raphaël's reluctance to call
- what they learned about Montreal and Nice

Now, have students imagine a different ending to the story.

Lexique français-anglais

This vocabulary provides contextual meanings of French words used in this text. It does not include proper nouns (unless the English equivalent is quite different in spelling from the French), most abbreviations, exact cognates, most near cognates, past participles used as adjectives if the infinitive is listed, or regular adverbs formed from adjectives listed. Adjectives are listed in the masculine singular form; feminine endings or forms are included if irregular.

Abbreviations

adj.	adjective	*irreg.*	irregular
adv.	adverb	*m.*	masculine noun
conj.	conjunction	*pl.*	plural
fam.	familiar or colloquial	*prep.*	preposition
f.	feminine noun	*pron.*	pronoun
inf.	infinitive	*s.*	singular
interj.	interjection	*s.o.*	someone
interr.	interrogative	*s.th.*	something
inv.	invariable		

à *prep.* to, in, at; **à cause de** because of; **à travers** through
abonnement (*m.*) **téléphonique** telephone service
accélérer to speed up
s'accrocher à to cling to; to get caught on
accueillir *irreg.* to welcome
acheter to buy
actif/ive *adj.* active; working
s'activer to get busy
actualité *f.* current events

actuel(le) *adj.* current
actuellement *adv.* currently, at the present time
adieu *interj.* farewell
admettre (like **mettre**) *irreg.* to admit
admis(e) *adj.* accepted
s'adresser (à) to speak (to); to apply
adroitement *adv.* deftly, shrewdly
ADSL: haut débit ADSL high-speed DSL

131

affaire *f.* case; matter; *pl.* belongings; **affaires de toilette** toiletries; **bonne affaire** bargain, good deal
affiche *f.* poster
affiché *adj.* posted
âgé *adj.* old
agiter to wave; **s'agiter** to toss
agréable *adj.* pleasant
ailleurs *adv.* elsewhere
aimer to like; to love; **aimer bien** to like
air *m.* air; **avoir l'air** to appear, seem; **c'est dans l'air du temps** it's a sign of the times; **en plein air** outdoor; **monte-en-l'air** (*m.*) burglar; **prendre des airs** to put on airs
ajouter to add
s'alarmer to be alarmed, be afraid
algues *f. pl.* algae
allemand *adj.* German
aller *irreg.* to go; **aller bien** to be fine
allure *f.* certain look, style, demeanor
alors *adv.* well, then, so
alterner to alternate
amant(e) *m., f.* lover
âme *f.* soul; person; **âme sœur** soul mate
améliorer to improve
amende (*f.*) **de dommages** fine
ami(e) *m., f.* friend; **petit(e) ami(e)** boyfriend, girlfriend
amitié *f.* friendship
amour *m.* love
amourette *f.* passing fancy
amoureux/euse *adj.* in love; *m., f.* lover
s'amuser to have fun
an *m.* year
analyste-programmeur *m.* systems analyst

ananas *m.* pineapple
ancien(ne) *adj.* former; ancient
ange *m.* angel
angoissé *adj.* anxious, anxiety-prone
animateur/trice *m., f.* host (of a show)
animation (*f.*) **musicale** variety show
animé *adj.* lively, animated
s'animer to become lively
anneau *m.* ring
année *f.* year
annonce *f.* announcement; ad (advertisement); **petite annonce** (classified) ad
annuaire *m.* directory
antillais(e) *adj.* West Indian; **Antillais(e)** *m., f.* West Indian (person)
antipathique *adj.* disagreeable, unpleasant
s'apaiser to abate, subside
apercevoir *irreg.* to notice
apéritif *m.* cocktail
apéro *m., fam.* cocktail
apparaître *irreg.* to appear
appareil *m.*: **à l'appareil** on the line; **appareil dentaire** retainer
appartenir *irreg.* to belong
appel *m.* call
appeler to call; **s'appeler** to be named
appétit *m.* appetite; **avoir de l'appétit** to be hungry
apporter to bring
apprécier to appreciate; to value
apprendre *irreg.* to learn
approcher to approach; **s'approcher de** to come closer to, approach
après *adv., prep.* after
après-midi *m. or f.* afternoon
arbre *m.* tree

arbuste *m.* bush
argent *m.* money; silver
arnaque *f.* scheme
s'arracher *fam.* to "split" (leave)
arrêt *m.* stop, stopping
arrêter to arrest; to halt, stop; **s'arrêter** to stop
arriver to arrive; to happen
arrondissement *m.* district, section (of Paris)
ascenseur *m.* elevator
ascension *f.* climb
s'asseoir *irreg.* to sit down
assez *adv.* somewhat, rather, quite; enough
assiette *f.* plate, dish
assis *adj.* seated
assurance *f.* insurance; confidence
astre *m.* star
attacher to attach; to buckle
attaquer to attack
attendre to wait (for); to expect
atterrir to land
attirance *f.* attraction
attirer to attract
attraper to catch
attribué *adj.:* **ne plus être attribué** disconnected
auberge *f.* inn
aubergine *f.* eggplant
aucun(e) *adj.:* **ne... aucun(e)** none; no one, not one, not any
aujourd'hui *adv.* today
aussi *adv.* also; as; so
aussitôt *conj.* immediately, at once
autant de *adv.* so many
autocar *m.* (intercity) bus
autour de *prep.* around
autre *adj., pron.* other; *m., f.* the other; *pl.* the others, the rest
autrefois *adv.* formerly, in the past
avance *f.* advance; **à l'avance** beforehand; **d'avance** early; **en avance** early

avancer to advance, move forward
avant *adv., prep.* before; **avant de** + *inf.* before
avenir *m.* future
aventurier/ière *m., f.* adventurer
aveugle *adj.* blind
avis *m.* opinion
avocat(e) *m., f.* lawyer; **avocat de la défense** defense attorney; **avocat général** prosecutor
avoir *irreg.* to have; **avoir... ans** to be . . . years old; **avoir besoin (de)** to need; **avoir honte** to be ashamed; **avoir peur** to be afraid; **avoir tort** to be wrong; **en avoir marre** *fam.* to be sick of it
avouer to admit
avril *m.* April

bac *m. fam.* **(le baccalauréat)** exam given at the end of high school in France
bachelier/ière *m., f.* student who has passed the **baccalauréat**
bagages *m. pl.* luggage
bague *f.* ring
se baigner to swim, go in the water
bâiller to yawn
bain *m.* bath; **maillot** (*m.*) **de bain** bathing suit; **salle** (*f.*) **de bains** bathroom
baisser to lower
balade *f.* walk
ballon *m.* (soccer, basket) ball
banaliser to vulgarize, make commonplace
bananier *m.* banana tree
bande *f.* group
banlieue *f.* suburb
barré *adj.:* **c'est mal barré!** it doesn't look good!
bas(se) *adj.* low; **en bas** *adv.* down below

base *f.* base; basis; **de base** basic
basilic *m.* basil
basket *f.* running shoe; **bien dans ses baskets** feeling good about oneself
bassin *m.* ornamental pond
bataille *f.* battle
bateau *m.* boat, ship; **se laisser mener en bateau** to let oneself be taken for a ride
bâti *adj.* built; **bien bâti** well-built
bâtiment *m.* building
battre *irreg.* to beat
beau (bel, belle [beaux, belles]) *adj.* handsome; beautiful; **il fait beau** it's nice (weather) out; **Beaux-Arts** *m. pl.* School of Fine Arts
beauf *m., adj., fam.* narrow-minded
beauté *f.* beauty
belge *adj.* Belgian; **Belge** *m., f.* Belgian (person)
Belgique *f.* Belgium
belle-mère *f.* mother-in-law
besoin *m.* need; **avoir besoin de** to need
beurré *adj.* buttered
BHV *m.* French department store
bibliothèque *f.* library
bien *adv.* well; quite; *adj. inv.* refined, stylish; **aimer bien** to like; **aller bien** to be fine; **bien dans ses baskets** feeling good about oneself; **bien sous tous rapports** perfect in every way; **bien sûr** of course; **eh bien** well; **ou bien** or else; **très bien** very well (good)
bientôt *adv.* soon
bienvenue *interj.* welcome
biguine *f.* beguine (dance in bolero rhythm that originated in Martinique)
bijou *m.* jewel; piece of jewelry
billet *m.* bill (currency)

bisou *m., fam.* kiss
bistro *m.* bar, pub; neighborhood restaurant
bizarre strange, bizarre
blanc(he) *adj.* white; **nuit** (*f.*) **blanche** sleepless night
Blanche-neige Snow White
blesser to hurt, injure, wound
bleuet *m.* blueberry
bluffé *adj.* amazed, impressed
bobo *m.* wealthy and noncon-formist elite
bof *interj.* (expresses indifference)
boire *irreg.* to drink
bois *m.* wood; **de bois** *adj.* impassive
boisson *f.* drink, beverage
boîte *f.* box; nightclub; **boîte aux lettres** mailbox
bol *m.* bowl
bon(ne) *adj.* good; okay; right, correct; **bon** (*m.*) **à rien** good-for-nothing; **de bonne heure** early; **être né(e) sous une bonne étoile** to be born under a lucky star
bonbon *m.* candy
bonheur *m.* happiness; good luck
bonjour *interj.* hello, good day
bonne *f.* maid; **chambre** (*f.*) **de bonne** former maid's room in a French apartment building
bord: au bord de *prep.* on the brink of; on the bank(s) of
bordé *adj.* bordered
bouche *f.* mouth
boucle *f.* curl (hair)
bougainvillier *m.* bougainvillea
bouger to move
boulanger/ère *m., f.* baker
boulangerie *f.* bakery
boule (*f.*) **de neige** snowball
bouleverser to upset, distress
boulot *m., fam.* job

bourgeois *adj.* bourgeois; middle-class
bout: au bout de *prep.* after; at the back/bottom/end of
bouteille *f.* bottle
boutique *f.* boutique, shop; **faire les boutiques** to go shopping
branché *adj.* trendy, hip
bras *m.* arm
brasserie *f.* bar, brasserie
bref (brève) brief
bricolage *m.:* **rayon** (*m.*) **Bricolage** do-it-yourself department
brillant *adj.* smart; terrific
briller to shine
bronzé *adj.* tanned
bronzer: se faire bronzer to tan oneself
bruit *m.* noise, sound
brûlant *adj.* burning
brûler to burn; to scorch; **brûler les étapes** to rush things
brun *adj.* brown; dark-haired; **brun(e)** *m., f.* brunette (person)
brusque *adj.* abrupt
brutalement *adv.* violently, roughly
Bruxelles Brussels
buffet (*m.*) **marin** seafood buffet
buller *fam.* to relax; to do nothing
bulletin (*m.*) **de salaire** paycheck stub
bureau *m.* office
but *m.* goal

ça *pron.* that
cacher to hide
cadeau *m.* gift
café *m.* coffee; café; **café-crème** coffee with cream
calin *m.* caress, kiss
camarade *m., f.* friend, companion
caméra *f.* movie camera
camion *m.* truck

campagne *f.* country; countryside
canapé *m.* sofa
candidature *f.* application; **dossier** (*m.*) **de candidature** application (paperwork)
canne (*f.*) **à sucre** sugarcane
car *conj.* for, because
caractère *m.* personality; character
Caraïbes *f. pl.* Caribbean (islands); **mer** (*f.*) **des Caraïbes** Caribbean Sea
carambole *f.* star fruit
cardiaque *adj.* cardiac; **crise** (*f.*) **cardiaque** heart attack
cardiologue *m., f.* cardiologist
carnet (*m.*) **de chèques** checkbook
carré *m.* scarf
cartable *m.* school bag; satchel
carte *f.* map; card; **carte de crédit** credit card; **carte Orange** Parisian monthly transit pass
cas *m.* case; **en tout cas** *adv.* in any event
case *f.* field, box (to be filled in on an online form); hut
casier (*m.*) **judiciaire** police records
casquette *f.* cap
casser to break; **casser la figure à quelqu'un** to punch *s.o.* in the face
cave *f.* cellar
ce, cet, cette (ces) *pron., adj.* this, that (*pl.* these, those)
ceci *pron.* this
ceinture *f.* seat belt
cela *pron.* that, this
célèbre *adj.* famous
célibataire *adj.; m., f.* single (person)
celui, celle (ceux, celles) *pron.* the one; this one, that one (*pl.* the ones; these, those)
centaine *f.* about one hundred
centre-ville *m.* downtown

cependant *conj.* however, nevertheless

cesse: sans cesse *adv.* constantly

chacun(e) *m., f., pron.* each (one); every one

châle *m.* shawl

chaleureux/euse *adj.* warm; friendly

chambre *f.* room; bedroom; hotel room; **chambre de bonne** former maid's room in a French apartment building

champ *m.* field

chance *f.* luck; opportunity; **avoir ses chances** to be in the running

changement *m.* change

changer to change; to move; **changer les idées à** to make a nice change for (*s.o.*), to take *s.o.'s* mind off *s.th.*

chanson *f.* song

chanteur/euse *m., f.* singer

chapeau *m.* hat

chaque *adj.* each, every

chargé *adj.* laden

charges *f. pl.* utilities and maintenance expenses

chasseur/euse *m., f.* hunter

chaud *adj.* warm; hot; **avoir chaud** to be warm (hot)

chauffage *m.* heat

chauffeur (*m.*) **routier** truck driver

chaussure *f.* shoe

chauve *adj.* bald

chef-d'œuvre *m.* masterpiece

chemin (*m.*) **de fer** railroad

cheminée *f.* fireplace

chemise *f.* shirt

chemisier *m.* blouse

cher (chère) dear; expensive

chercher to search; to look for; **chercher à** to try to

chercheur/euse *m., f.* researcher

chéri(e) *m., f.* dear, darling

cheveu *m.* hair

chez *prep.* at the home/ establishment of

chien *m.* dog

chiffre *m.* number

chinois *adj.* Chinese

choisir to choose

choix *m.* choice

choquant *adj.* shocking

chose *m.* thing; **quelque chose** something

ciel *m.* sky

cimetière *m.* cemetery

cinéma *m.* movies; movie theater

cinoche *m., fam.* cinema

cinquante fifty

cité *f.* area in a city

citer to cite; to quote

clair *adj.* bright; clear; *adv.* clearly; **il n'est pas clair** *fam.* there's something fishy about him; **voir clair** to understand

clarté *f.* light

classé *adj.* classified

clé *f.* key; **fermé** (*adj.*) **à clé** locked

clic *m.* click

cochon *m.* pig

coco: drôle (*m.*) **de coco** odd sort; **noix** (*f.*) **de coco** coconut

cocotier *m.* coconut tree

cœur *m.* heart

coiffé *adj.* combed, dressed (hair)

coin *m.* corner; spot; **du coin** *adj.* neighborhood

coincé *adj.* stuck

colère *f.* anger; **en colère** angry

coller to stick

colocataire *m., f.* housemate, roommate

colocation *f.* sharing of an apartment/a house/a room

combien (de)? *adv.* how much? how many?

comme *conj.* like, as; how
commencer (à) to begin (to)
comment *adv.* how; **comment?** *interj.* what?
commentaire *m.* commentary; comment; remark
commenter to comment (on); to make a news commentary
commerce *m.* business
commis *adj.* committed
commissariat *m.* police station
commun *adj.* common; in common
compagnie *f.* company
compagnon/compagne *m., f.* companion
complémentaire *adj.*: **informations complémentaires** additional information
complet/ète *adj.* complete, whole, entire; **au complet** full
complice *adj.* conspiratorial; *m., f.* accomplice
complot *m.* plot
composer to compose; to set (type); to dial (a phone number)
compositeur *m.* composer
comprendre *irreg.* to understand
compris *adj.* included
compromettant *adj.* compromising
compromettre to compromise, endanger, jeopardize
compte *m.* account; **en tenant compte** taking into account; **il n'a pas de comptes à me rendre** he doesn't owe me any explanations; **se rendre compte** to realize
compter to count
concerner to concern; **en ce qui concerne** concerning; **en ce qui vous concerne** as far as you're concerned
conclure *irreg.* to conclude

concours *(m.)* **d'entrée de médecine** medical school entrance exam
concurrence *f.* competition
condamnation *f.* conviction; sentence
condamner to condemn; to punish; to sentence (to prison)
conduire *irreg.* to lead
conduite *f.* conduct
confiance *f.* confidence; trust; **faire confiance (à)** to trust
confidence *f.* confided secret; **mettre quelqu'un dans la confidence** to let someone in on the secret
se confier à to confide
conforme à that corresponds to
conformément à in accordance with
confort *m.* comfort; convenience; standard of living
congé *m.* vacation
connaître *irreg.* to know, be acquainted with
consacré *adj.* devoted
conseil *m.* advice
conseiller to advise
construire to build, construct
contenir *irreg.* to contain
content *adj.* happy; pleased
contenu *m.* contents
contre *prep.* against; **par contre** on the other hand
contrôle *m.* check
convaincu *adj.* convinced
convocation *f.* summons
convoquer to summon
copain/copine *m., f.* friend, pal
coquet(te) *adj.* well-dressed, stylish
corps *m.* body
costume *m.* suit
côte *f.* coast; **Côte d'Azur** (French) Riviera

se coucher   to go to bed
coup   *m.* blow; **coup de fil** phone
   call; **coup de foudre** love at first
   sight; **petit coup** *fam.* fling; **tout à**
   coup all of a sudden
coupable   guilty
couper   to cut; to interrupt
cour   *f.* courtyard
courir   *irreg.* to run
courrier   *m.* mail
cours   *m.* class; course
course   *f.* errand; **faire les courses**
   to run errands; to shop
courtois   *adj.* courteous, polite
couteau   *m.* knife
couvert   *adj.* covered
couverture   *f.* cover
craquant   *adj.* irresistible
craquer   to creak
cravate   *f.* tie
crayon   *m.* pencil
créer   to create
crème (*f.*) solaire   suntan lotion
crétin   *m.* idiot; **espèce de crétin!**
   idiot!
crevette   *f.* shrimp
cri   *m.* cry; call; shout
crier   to shout
crise   *f.*: **crise cardiaque** heart
   attack; **crise nerveuse** fit of
   hysterics
critère   *m.* criterion
croire   *irreg.* to believe
crustacés   *m. pl.* shellfish
cuillère   *f.* spoon
cuire   to cook
cuisine   *f.* cooking; kitchen; **faire**
   la cuisine to cook
culot   *m.*: **sacré culot** bloody
   nerve
cultivé   *adj.* cultured, educated
curieux/euse   *adj.* curious
CV   *m.* résumé, curriculum vitae
cynisme   *m.* cynicism

d'accord   *interj.* all right, okay;
   adv. in agreement, agreed
d'ailleurs   *adv.* besides, moreover
dame   *f.* lady, woman
dans   *prep.* in, within
datte   *f.* date (fruit)
débarquement   *m.* landing
débat   *m.* debate
debout   *adv.* standing
début   *m.* beginning
débutant(e)   *m., f.* beginner
déception   *f.* disappointment
découvrir   *irreg.* to discover
décrire   *irreg.* to describe
déçu   *adj.* disappointed
défaut   *m.* fault, defect
défavorable   *adj.* unfavorable
dégager   to give off
dégoûtant(e)   *m., f.*, gross
   person
déguisé   *adj.* disguised
dégustation   *f.*: **être en pleine**
   dégustation to be enjoying
   one's meal
déjeuner   to have lunch; *m.* lunch;
   petit déjeuner breakfast
délirant   *adj.* delirious
demain   *adv.* tomorrow
demander   to ask (for)
demi   *adj.* half
dénoncer   to inform against
dentaire   *adj.*: **appareil** (*m.*)
   dentaire retainer
dentelle   *f.* lace
se dépêcher   to hurry, rush
dépenses   *f. pl.* expenses
déplacer   to move
déprimé   *adj.* depressed
déprimer   to get depressed
depuis   *prep.* since; for
dernier/ère   *adj.* last
derrière   *prep.* in back of, behind
désagréable   *adj.* unpleasant,
   disagreeable

descendre   to go down; to get out (of a car)

désespéré   *adj.* desperate

désespoir   *m.* despair

désirer   to desire, want

désolé   *adj.* sorry

dessin   *m.* design; drawing, sketch

dessiner   to draw; to form

dessous   *adv.* underneath; **en dessous de** *prep.* below; **voisin(e) du dessous** downstairs neighbor

destin   *m.* destiny, fate

se détendre   to relax

détendu   *adj.* relaxed

détester   to hate

détresse   *f.* distress

détruit   *adj.* destroyed

deuxième   *adj.* second; **deuxième étage** *m.* third floor

devant   *prep.* before, in front of

se développer   to develop

devenir   *irreg.* to become

deviner   to guess

devise   *f.* motto

devoir   *irreg.* to have to; **tu devrais** you should; *m.* duty

Dieu   *m.* God; **mon dieu!** *interj.* for heaven's sake!

digérer   to digest; *fam.* to get over

digicode   *m.* keyless entry

dimanche   *m.* Sunday

dîner   to have dinner; to dine; *m.* dinner

diplômé(e)   *m., f.* graduate

dire   *irreg.* to say, tell; **ça te dit?** does that interest you?

directeur   *m.* manager

diriger   to lead; to give (seminar); **je dirige mes pas** I point my feet; **se diriger vers** to go toward

discuter (de)   to discuss; to talk (about)

disparaître   *irreg.* to disappear

disparition   *f.* disappearance

se disperser   to scatter

disposer   to lay out; to arrange

dispute   *f.* quarrel

se disputer   to argue

se dissimuler   to be concealed

distinguer   to make out; to single out

docte   *adj.* learned

doigt   *m.* finger

domaine   *m.* field (of a form)

dominateur/trice   *adj.* domineering

dominer   to rise above

dommage   *m.:* **amende** (*f.*) **de dommages** fine; **dommage!** *interj.* too bad!

donc   *conj.* then; so; therefore

donner   to give; **donner sur** to overlook

dont   *pron.* whose, of whom, of which

dormir   *irreg.* to sleep

dos   *m.* back

dossier   *m.* file; **dossier de fin d'études** final project

doué   *adj.* talented

se doubler de   to double as

douche   *f.* shower

doute   *m.* doubt; **sans doute** doubtless, probably

douter   to doubt

doux (douce)   *adj.* sweet; mild

douzaine   *f.* dozen

douze   twelve

drogue   *f.* drugs

droit   *m.* right; law; **faculté de droit** law school; *adv.* right; **tout droit** straight ahead; *adj.* right; **à droite** on the right

drôle (*m.*) **de coco**   odd sort

dur   *adj.* cruel; hard

durant   *prep.* during

durée   *f.* running time

durer   to last

eau *f.* water

échange *m.* exchange; **en échange** in return

écharpe *f.* scarf

éclair *m.* flash

s'éclater *fam.* to have a ball

école *f.* school; **école de commerce** business school

écouter to listen (to)

écran *m.* screen

écrire *irreg.* to write

écrit *m.* writing

s'écrouler to collapse

éditeur *m.* publisher; editor

effet *m.:* **en effet** as a matter of fact, indeed

égal *adj.* equal; **ça m'est égal** it's all the same to me

égard *m.:* **à l'égard de** with regard to; toward

église *f.* church

égoïste *adj.* selfish

eh ben *interj., fam.* well, well then

eh bien *interj.* well, well then

élargir to broaden

élever to bring up, raise

embarras *m.:* **il y a l'embarras du choix** the only difficulty is who to choose

embrasser to kiss; to embrace

émeraude *f.* emerald

emmener to take (*s.o. somewhere*)

emplacement *m.* site, location

emploi *m.* job

emporter to take (*s.th. somewhere*); to carry off

emprunter to borrow

encaisser to stand, abide, tolerate

encore *adv.* still; again; yet; even; more; **encore de** more; **ne... pas encore** not yet; **ou encore** or else

s'endormir *irreg.* to fall asleep

endroit *m.* place, spot

s'enduire *irreg.* to coat oneself

énervant *adj.* irritating

s'énerver to get worked up

enfance *f.* childhood

enfant *m., f.* child

enfer *m.:* **programme** (*m.*) **d'enfer** hellish schedule

s'enfermer to lock oneself (*in s.th.*)

enfin *adv.* finally, at last; in fact; in a word, in short

s'enfuir to run off; flee

engagement *m.* commitment

engager to commit; to begin, start; to engage in; **s'engager** to get involved

enlever to take off

enluminure *f.* illumination

s'ennuyer to be bored

ennuyeux/euse *adj.* boring; annoying

enquête *f.* investigation

enquêter to inquire

enquêteur *m.* investigator

enregistré *adj.* recorded

enrouler to wind

enseignement *m.* teaching

ensemble together

ensoleillé *adj.* sunny

ensuite *adv.* then, next

entendre to hear; **s'entendre** to get along

s'entêter to persist

entier/ère *adj.* whole, entire

entourer to encircle

entre *prep.* between

entrée *f.* entrance, entry; first course (*meal*)

entreprendre to undertake

entreprise *f.* business, company

envahir to invade; **la colère m'envahit** anger comes over me

s'envelopper to wrap oneself

envie *f.* desire; **avoir envie de** to want; to feel like

environ *prep.* about, approximately

envoyer   to send
épaule   *f.* shoulder
épice   *f.* spice
épicé   *adj.* spicy
épicerie   *f.* grocery store
épicier   *m.* grocer
éponge   *f.* sponge
époque   *f.* period (of history);
   à l'époque at the time
épouser   to marry
époux/se   *m., f.* spouse
épreuve   *f.* exam
épuisé   *adj.* exhausted
équestre   *adj.* equestrian
équilibre: en équilibre   balanced
équipe   *f.* team
érudit(e)   *m., f.* scholar
escalier   *m.* stairs, stairway
esclave   *m., f.* slave
escroc   *m.* crook
espace   *m.* space
espagnol   *adj.* Spanish
espèce de crétin!   *interj.* idiot!
espérer   to hope
espoir   *m.* hope
esprit   *m.* spirit; mind; wit
essayer   to try
estimer   to value
étage   *m.* floor, story
étagère   *f.* shelf
état   *m.* state, condition; national
   government
États-Unis   *m. pl.* United States
éteindre   *irreg.* to turn off
étiquette   *f.* label, tag
s'étirer   to stretch
étoile   *f.* star; **être né(e) sous une
   bonne étoile** to be born under a
   lucky star
étonner   to surprise, astonish;
   s'étonner de to be surprised by
étrange   *adj.* strange
étranger/ère   *adj.* foreign; *m., f.*
   foreigner

être   to be; *m.* being
étude   *f.* study; **dossier de fin
   d'études** final project
étudiant(e)   *m., f.* student
étudier   to study
eux   *m. pron.* them
évacuer   to discharge, blow off
éveiller   to reawaken
événement   *m.* event
évêque   *m.* bishop
évidemment   *adv.* evidently,
   obviously
évier   *m.* sink
éviter   to avoid
évoluer   to evolve
excitation   *f.* excitement
s'exciter   to get worked up
exemplaire   *adj.* model
exemple   *m.* example; **par exemple**
   for example
exigeant   *adj.* demanding
expérience   *f.* experience;
   experiment
explication   *f.* explanation
expliquer   to explain
exploser   to explode
exposition   *f.* exhibit
exprimer   to express
exquis   *adj.* exquisite
extase   *f.* ecstasy

fabrique   *f.* factory
fabriquer   to manufacture
fac(ulté)   *f.* university; **faculté de
   droit** law school
face   *f.:* **face à** *prep.* facing; **en face
   de** *prep.* across from
facile   *adj.* easy
façon   *f.* way, fashion, manner
faim   *f.* hunger; **avoir faim** to be
   hungry
faire   *irreg.* to do; to make; to cause
   to; **ça fait suspect** that makes
   you look suspicious;

faire (*continued*)
faire attention to pay attention;
faire confiance to trust; **faire des histoires** to cause problems;
faire des rencontres to meet people; **faire des reproches à** to reproach; **faire du ski** to go skiing; **faire du vélo** to go biking; **faire face (à)** to face up to things; **faire la queue** to wait in line; **faire la vaisselle** to do the dishes; **faire le difficile** to be difficult; **faire le ménage** to do the housework; **faire le portrait de** to draw (up) a portrait of; **faire les boutiques** to go shopping; **faire les courses** to do errands; go shopping; **faire plaisir à** to please; **faire pression** to push, try to influence; **faire semblant** to pretend; **faire un tour** to go for a stroll; **faire une excursion** to go on an excursion; **fais-moi un bisou** give me a kiss; **se faire avoir** to be taken advantage of; **s'en faire** to worry
fait   *m.* fact
familial   *adj.* family
fantasme   *m.* fantasy
farci   *adj.* stuffed
faut: il faut   it is necessary; one needs
faute   *f.* mistake, error
faux (fausse)   *adj.* false; **fausse monnaie** counterfeit money
favori (favorite)   *adj.* favorite
favoriser   to further; to favor
feindre   *irreg.* to pretend
félicitations   *f. pl.* congratulations
femme   *f.* woman; wife; **femme de ménage** cleaning lady
fenêtre   *f.* window
fermement   *adv.* firmly

fermer   to close; **fermer à clé** to lock; **se fermer** to close
feuille   *f.* sheet of paper; **feuille d'imposition** tax statement
fichier   *m.* file; **en fichier joint** as an attachment
fidèle   *adj.* faithful
fièrement   *adv.* proudly
figue   *f.* fig
figure   *f.* face; figure (personage); **casser la figure à quelqu'un** *fam.* to punch s.o. in the face
fil: coup (*m.*) **de fil**   phone call
filer   to fly
fille   *f.* girl; daughter; **jeune fille** girl, young lady
fils   *m.* son
fin   *f.* end; **en fin d'après-midi (de soirée, de matinée)** in the late afternoon (evening, morning); *adj.* fine, delicate
financier/ère   *adj.* financial
finement   *adv.* subtly, shrewdly
finir   to finish; **finir par** to end by (doing *s.th.*)
fixer   to set (time; appointment); to look steadily at; **se fixer sur** to fixate on
fleur   *f.* flower
flic   *m., fam.* cop
fois   *f.* time, occasion; **pour une fois** for once
folklorique   *adj.* folk
fond   *m.* back, end; background
foot   *m., fam.* soccer
force   *f.* force, strength; **prendre des forces** to gather one's strength; **rapport** (*m.*) **de forces** show of strength
formaliste   *adj.* rigid
forme   *f.* form; **en pleine forme** to be in top condition
formidable   *adj.* terrific
formulaire   *m.* form

formule *f.* formula; plan
fort *adj.* strong; *adv.* hard; loudly
fou (folle) *adj.* crazy; mad; foolish;
   m., f. crazy person; **comme
   des fous** like crazy; **succès** (*m.*)
   fou big hit; **travail fou** tons
   of work
foudre: coup (*m.*) **de foudre** love
   at first sight
fouiller to root around
foule *f.* crowd
fourchette *f.* fork
frais (fraîche) *adj.* fresh; cool
français *adj.* French; *m.* French
   (language); *m., f.* Frenchman
   (-woman)
francophone *adj.* French-speaking
francophonie *f.* the French-
   speaking world
frapper to knock
fréquenter to go to often
frère *m.* brother
frigo *m., fam.* refrigerator
frites *f. pl.* French fries
froid *adj.* cold; **avoir froid** to be
   (feel) cold
fromage *m.* cheese
front *m.* forehead
fruit *m.* fruit; **fruits de mer** seafood
fumée *f.* smoke
fumer to smoke
fumeur/euse *m., f.* smoker

gagner to win; to earn
gaieté *f.* cheerfulness
galère *f.*, rowing galley; **c'est la
   galère** *fam.* it's really tough
galérer *fam.* to work really hard
garçon *m.* boy
garde: mettre en garde to warn
garder to keep
gateau *m.* cake
gauche *adj.* left; *f.* left; **à gauche** on
   the left

gaz *m.* gas
génial *adj.* brilliant, inspired;
   fam. neat, delightful, cool
génie *m.* natural aptitude; **idée de
   génie** brilliant idea
genre *m.* type
gens *m. pl.* people
gentil(le) *adj.* nice, pleasant; kind
gérer to manage
geste *m.* gesture
glace *f.* ice cream
gnangnan *adj., fam.* shallow,
   insipid
gogo *fam.:* **à gogo** galore
goinfre *m., f., fam.* pig
gombo *m.* okra
gosse *m., f., fam.* child; **beau gosse**
   fam., handsome young fellow
se gourer *fam.* to be mistaken
gourmandise *f.* overindulgence in
   food
goût *m.* taste
goûter to taste
grâce à *prep.* thanks to
gracieux/euse *adj.* graceful
grand *adj.* big, large; tall; great
grand-mère *f.* grandmother
grand-père *m.* grandfather
gras(se) *adj.* fat
gratuitement *adv.* for free
grec (grecque) *adj.* Greek
gris *adj.* gray
gros(se) *adj.* large, fat; thick; **gros
   titre** headline
grossir to gain weight
guide *m., f.* guide; *m.* guidebook
gym *f., fam.* gymnastics; gym

habillé *adj.* dressed
habitant(e) *m., f.* inhabitant
habité *adj.* inhabited
habiter to live
habitude *f.* habit, custom; **comme
   d'habitude** as usual

habitué à   *adj.* used to
habituel(le)   *adj.* usual
hanter   to haunt
hasard   *m.* luck; **au hasard** at random
hausmannien(ne)   *adj.* French architectural style of the 19th century
haut   *adj.* high; **haut débit ADSL** high-speed DSL; *adv.* high
hérité   *adj.* inherited
heure   *f.* hour; time; **à tout à l'heure** see you soon
heureux/euse   *adj.* happy
heureusement   *adv.* fortunately
hier   *adv.* yesterday
hilarant   *adj.* funny
hirondelle   *f.* swallow
histoire   *f.* story; history
hiver   *m.* winter
homme   *m.* man
honte   *f.* shame; **avoir honte** to be ashamed
hors-bord   *m.* outboard
hôtel   *m.* hotel; **hôtel de ville** city hall; **hôtel particulier** former private residence
hublot   *m.* window (of a plane or boat)
huit   eight
huître   *f.* oyster
humeur   *f.* mood
humour   *m.* humor
hurler   to yell

ici   *adv.* here
idiot   *adj.* stupid
ignorer   not to know about; to be unaware
illimité   *adj.* unlimited
illuminé   *adj.* lit up
image   *f.* picture; image
imagé   *adj.* vivid, full of imagery
immeuble   *m.* apartment building

impassible   *adj.* impassive; unmoved
impératrice   *f.* empress
imperméable   *m.* raincoat
impressionnant   *adj.* impressive
impressionner   to impress
imprimé   *adj.* printed
imprimerie   *f.* printing
improviste: à l'improviste   *adv.* unexpectedly; unannounced
imprudent(e)   *m., f.* reckless person
inadapté   *adj.* unsuitable
incasable   *adj.* incapable of settling down with anyone
incendie   *f.* fire
incliné   *adj.:* **la tête inclinée** with bowed head
inclus   *adj.* included
inconnu(e)   *adj.* unknown; *m., f.* stranger
inconvénient   *m.* disadvantage
incroyable   *adj.* unbelievable
indéfinissable   *adj.* undefinable
indescriptible   *adj.* indescribable
indicatif   *m.* dialing code
indice   *m.* indication, sign; clue
indigné   *adj.* indignant
s'indigner   to be indignant
individu   *m.* individual, person
infidèle   *adj.* unfaithful
infini   *adj.* infinite
infirmier/ère   *m., f.* nurse
informatique   *f.* computer science
ingéniosité   *f.* ingenuity
initier   to initiate, introduce
inondé   *adj.* flooded
s'inquiéter   to worry
inscription   *f.* registration
inscrire   to write; **s'inscrire** to register, sign up; to enroll
inscrit(e)   *m., f.* registrant
insensible   *adj.* indifferent
insister sur   to stress, emphasize

installer to install; **s'installer** to settle
instant *m.* moment
intermédiaire *m.:* **par mon intermédiaire** through me
internaute *m., f.* Internet user
interrogatoire *m.* interrogation
interroger to question
interrompre *irreg.* to interrupt
intervenir *irreg.* to break in on a conversation
intime *adj.* intimate
inverse *m.* opposite
ivre *adj.* drunk

jamais *adv.* never; **ne... jamais** never
jardin *m.* garden
jaune *adj.* yellow
jeter to throw, throw out; **se jeter** to throw oneself
jeu *m.* game; **jeu de rôle** role-play
jeudi *m.* Thursday
jeune *adj.* young
joindre *irreg.* to attach; **se joindre à** to join
joli *adj.* pretty
jouer to play; to act like; **jouer des tours** to play tricks
jour *m.* day; **quinze jours** two weeks; **tous les jours** every day
journal *m.* newspaper
journée *f.* (whole) day
juillet *m.* July
juin *m.* June
jupon *m.* skirt
jusqu'à *prep.* up to, as far as, until
juste *adj.* just, right; *adv.* just; precisely, accurately; **tout juste** just barely

kaki *adj.* khaki
kilim *m.* woven rug

là-bas *adv.* over there
lac *m.* lake
lâche *adj.* cowardly
laisser to let, allow; to leave; **laisse tomber!** drop it!, let it go!
lait *m.* milk
lancer to say fiercely
langouste *f.* rock lobster
langue *f.* language; tongue
large *adj.* wide; *m.* open sea
larme *f.* tear
lavabo *m.* bathroom sink
lave-linge *m.* washing machine
lave-vaisselle *m.* dishwasher
lecteur/trice *m., f.* reader
lecture *f.* reading
léger/ère *adj.* light
légume *m.* vegetable
lendemain *m.* next day
lequel (laquelle) *pron.* which one
lessive *f.* laundry
lettre *f.:* **boîte aux lettres** mailbox
leur *pron.* their
se lever to get up
lèvre *f.* lip; **rouge** (*m.*) **à lèvres** lipstick
liaison *f.* love affair
libérer to release; to unleash
librairie *f.* bookstore
libre *adj.* free
lié *adj.* linked
lieu *m.* place, site
lilas *m.* lilac
lire *irreg.* to read
lit *m.* bed
livre *m.* book
locataire *m., f.* tenant
location *f.* rental
logement *m.* lodging(s); place of residence; **aide** (*f.*) **au logement** rent subsidy
loger to lodge, live; **se loger** to take lodgings
loi *f.* law

loin *adv.* far; **loin de** *prep.* far from; **plus loin** farther

lointain *adj.* distant

longtemps *adv.* (for) a long time; **il y a longtemps** a long time ago

lot *m.* batch; **se détacher du lot, sortir du lot** to stand out

louper *fam.* to flunk

lourd *adj.* heavy

loyer *m.* rent (payment)

luisant *adj.* shiny

lumière *f.* light

lundi *m.* Monday

lune *f.* moon

luxe *m.* luxury

lycée *m.* French secondary school

lyrisme *m., fam.* excessive emotion

machinalement *adv.* mechanically

madame *f.* Madam, Mrs.

magasin *m.* store, shop; warehouse

magie *f.* magic

maillot (*m.*) **de bain** bathing suit

main *f.* hand; **en main** taken

maintenant *adv.* now

mais *conj.* but; **mais non** of course not

maison *f.* house

maître *m.* master (form of address given to lawyers)

maîtresse *f.* mistress

majuscule *adj.* capital

mal *adv.* badly, poorly

malade *adj.* ill, sick

malgré *prep.* despite, in spite of

malheur *m.* misfortune

malheureusement *adv.* unfortunately

malheureux/euse *adj.* unhappy

maman *f.* mom, mommy

mamie *f.* grandma

mandarine *f.* mandarin orange

manger to eat

mangue *f.* mango

maniaque *adj.* fanatical

manière *f.* manner, way

manifestement *adv.* obviously

manque *m.* lack

manquer to miss; to lack; **elle me manque** I miss her; **il ne manque pas de souffle** *fam.* he has some nerve

manteau *m.* coat

manuscrit *adj.* handwritten; *m.* manuscript

maquillage *m.* makeup

maquillé *adj.* made up

se maquiller to put on makeup

marbre *m.* marble

marchand(e) *m., f.* merchant, vendor

marche *f.:* **en marche** in motion

marché *f.* market; **marché aux puces** flea market

marcher to walk; **faire marcher** to trick

mardi *m.* Tuesday

mari *m.* husband

marin: buffet (*m.*) **marin** seafood buffet

marmite *f.* pot

Maroc *m.* Morocco

marocain *adj.* Moroccan

marque *f.* mark; brand

marqué *adj.* distinct

marquer to leave a mark on; to take note of

marrant *adj.* funny

marre: en avoir marre *fam.* to be sick of it

se marrer to have a good laugh

mars *m.* March

matin *m.* morning; **le matin** in the morning; **petit matin** wee hours of the morning

mauvais *adj.* bad; wrong

mec *m., fam.* guy

méchamment *adv.* spitefully

médecin *m.* doctor

médecine *f.* medicine (field)

médiatisé *adj.* publicized

meilleur *adj.* better; **le (la) meilleur(e)** the best

mélange *m.* mixture

mélanger to mix (up)

se mêler à to mix with

même *adj.* same; *adv.* even

menacer to threaten

ménage *m.* housekeeping; **faire le ménage** to do housework; **femme** (*f.*) **de ménage** cleaning lady

mener: se laisser mener en bateau to let oneself be taken for a ride

mensonge *m.* lie; act of lying

mentalité *f.* attitude

menteur/euse *m., f.* liar

mentir to lie

mer *f.* sea

merci *interj.* thank you; **sans merci** merciless

mère *f.* mother

mériter to deserve

merveilleux/euse *adj.* marvelous

métier *m.* profession; job

métro *m.* subway

mettre *irreg.* to put; to put on; **mettre en garde** to warn; **se mettre à** to start to, begin to

meubles *m. pl.* furniture

midi *m.* noon

mieux *adv.* better; **il vaut mieux +** *inf.* it is better to

milieu *m.* environment, surroundings; social circle; middle; **au milieu de** *prep.* in the middle of

mille thousand

millier *m.* (around) a thousand

mimer to mime

mince *adj.* thin, slender

moche *m., f.* ugly person

mode *f.* fashion, style; **à la mode** stylish, trendy

moi *pron.* me

moine *m.* monk

moins *adv.* less; minus; **au moins** at least; **le moins** the least

mois *m.* month

moitié *f.* half; **à moitié** half

mon (ma, mes) *adj.* my

monde *m.* world; people; **tout le monde** everyone

monnaie *f.* currency; **fausse monnaie** counterfeit money

monsieur *m.* sir, Mr.; gentleman, man

montagne *f.* mountain

monter to go up; to climb; to get in (on)

montrer to show

se moquer de to make fun of

moquerie *f.* ridicule

mordre to take a bite of

mort *f.* death; *m., f.* dead person; *adj.* dead

mot *m.* word; **petit mot** note

mouillé *adj.* wet

moule *f.* mussel

mourir *irreg.* to die

moustique *m.* mosquito

moyen *m.* means; way

moyen(ne) *adj.* average

Moyen-Âge *m.* Middle Ages

mur *m.* wall

musculation *f.* weight training

musée *m.* museum

mygale *f.* tarantula

nager to swim

naïf (naïve) *adj.* naive

naissance *f.* birth

nana *f., fam.* chick (woman)

natal *adj.* native

natation *f.* swimming

nautique *adj.:* **sports** (*m. pl.*) **nautiques** water sports

naze *fam.* stupid

nec plus ultra *m.* the best of, the ultimate

neige *f.* snow; **boule** (*f.*) **de neige** snowball

neiger to snow

net(te) *adj.:* **avoir le cœur net** to be sure

nettoyer *irreg.* to clean

neuf (neuve) *adj.* new; **quoi de neuf?** what's new?

nez *m.* nose; **me raccroche au nez** hangs up on me

ni *conj.* nor; **ni... ni** neither . . . nor

niçois *adj.* in the style of Nice; **Niçois(e)** *m., f.* person from Nice

niveau *m.* level

noir *adj.* black; *m.* black

noix (*f.*) **de coco** coconut

nom *m.* name

nombre *m.* number

nombreux/euse *adj.* numerous

nord *m.* north

nord-américain *adj.* North American

normand *adj.* from Normandy

note *f.* note; grade

notre (*pl.* **nos**) *adj.* our

nourriture *f.* food

nouveau (nouvel, nouvelle) *adj.* new; **de nouveau** again

nuage *m.* cloud

nuit *f.* night; **la nuit** at night; **nuit blanche** sleepless night; **table** (*f.*) **de nuit** nightstand; **tombée** (*f.*) **de la nuit** nightfall

nul(le) *fam.* hopeless, worthless, no good

numérisé *adj.* digitized

numéro *m.* number

objet *m.* object, item; **objet funéraire** funerary item

obligé *adj.* obliged, required

obtenir *irreg.* to obtain

occupé *adj.* busy

occuper to take up, fill (time); **s'occuper de** to look after, take care of

odorant *adj.* fragrant

œuvre *f.* work; artistic work

oiseau *m.* bird

ongle *m.* fingernail

opposé *adj.* opposite

s'opposer to be opposed; to contrast

or *m.* gold

oral *m.* oral exam

ordinateur *m.* computer

ordonné *adj.* neat, tidy

ordonner to order

oreille *f.* ear

orienter to steer (conversation); to point

ou *conj.* or; **ou bien** or else

où *adv.* where

oublier to forget

oui *interj.* yes

ouvrage *m.* work

ouvrir *irreg.* to open

pacifique *adj.* conciliatory

paille *f.:* **toit en paille** thatched roof

paix *f.* peace

palais *m.* palace

palmier *m.* palm tree

papillon *m.* butterfly

Pâques Easter

par *prep.* by, through, with; **par écrit** in writing; **par exemple** for example; **par jour** a day, per day; **par terre** on the ground, on the floor

paraître *irreg.* to appear; **il paraît que** it appears that

parchemin *m.* parchment
par-dessus *prep.* over, above
pardon *interj.* excuse me, pardon me
pardonner to forgive
pareil(le) *adj.* such a
paréo *m.* traditional Tahitian wraparound dress
paresseux/euse *adj.* lazy
parfait *adj.* perfect
parfois *adv.* at times, sometimes
parfum *m.* scent, aroma; perfume
parler to speak
parmi *prep.* among
parole *f.* word; **prendre la parole** to speak
parquet *m.* wooden (parquet) floor
partager to share
particulier/ère *adj.* particular; **hôtel particulier** private residence
partie *f.* part; **faire partie de** to be part of
partir *irreg.* to leave
partout *adv.* everywhere
pas *adv.* not; **ne… pas** not; *m.* footstep, footprint, step
passé *m.* past; *adj.* past
passer to pass; to go; to spend (time); **se passer** to happen, take place
passionnant *adj.* exciting
passionné *adj.* enthusiastic; passionate
passionner to interest passionately; **se passionner** to be excited
pâtes *f. pl.* pasta, noodles
patron (*m.*) **de thèse** thesis adviser
pauvre *adj.* poor
pays *m.* country
paysage *m.* landscape; scenery
peau *f.* skin
pêche *f.* fishing
pédagogique *adj.* teaching

peine *f.* pain, sorrow; **ça vaut la peine** it's worth the trouble; **ce n'est pas la peine de** there's no point in; **peines de cœur** girlfriend (boyfriend) troubles
peintre *m.* painter
peinture *f.* paint
se pencher to lean
pendant *prep.* during
pénétrer dans to enter
penser to think; to expect, intend
percevoir *irreg.* to perceive
perdre to lose; **se perdre** to be lost
père *m.* father
perfidement *adv.* treacherously
perle *f.* pearl
permettre *irreg.* to allow
personnage *m.* character
personne *f.* person; **ne… personne** no one; **personne ne…** no one
pervers *m.* immoral person
peser to weigh
petit *adj.* small, little; short; **petit ami** boyfriend; **petit coup** *fam.* fling; **petit déjeuner** *m.* breakfast; **petit matin** wee hours of the morning; **petit mot** note; **petite amie** girlfriend; **petite annonce** classified ad
petite-fille *f.* granddaughter
pétrin *m.:* **dans un beau pétrin** in a jam
peu *adv.* little; few; not very; hardly; **peu à peu** little by little; **peu après** shortly after; **peu de** few; **un peu** a little; **un peu de** a little (of)
peuple *m.* people (of a country); nation
peuplé *adj.* populated
peur *f.* fear; **avoir peur (de)** to be afraid (of)
peut-être *adv.* maybe, perhaps

philosophie *f.:* **avec philosophie** philosophically

phrase *f.* sentence

pièce *f.* room; piece, item

pied *m.* foot; **à pied** on foot

piège *m.* trap

pierre *f.* stone

pince *f.* claw

pire *adj.* worse

piscine *f.* swimming pool

pitié *f.* pity; **avoir pitié de** to feel sorry for

placard *m.* closet

place *f.* place; square; seat; **laisser place à** to give way to

placement *m.* investment

plafond *m.* ceiling

plage *f.* beach

se plaigner *irreg.* to complain

plaire *irreg.* to please; *interj.* **s'il te (vous) plaît** please

plaisir *m.* pleasure

plan *m.* map; plan; **sur le plan artistique** artistically speaking

planche *f.* board; **planche à voile** sailboard; windsurfing; **faire de la planche à voile** to go windsurfing

plat *adj.* flat; *m.* dish

plateau-repas *m.* TV dinner

plein *adj.* full; **en plein air** outdoor; **en plein centre** right in the middle of town; **en pleine forme** in great shape; **plein de** lots of

pleurer to cry

plier to fold

plongé *adj.* immersed

se plonger to dive; to immerse oneself

plus (de) *adv.* more; **à plus** *fam.* see you later; **en plus** in addition, moreover; **le (la, les) plus** the most; **ne... plus** no more, no longer; **plus... plus...** the more . . . the more . . .

plusieurs *adj.* several

plutôt *adv.* rather; instead

poids *m.* weight

point *m.* point; **à ce point** to such a degree; **point de vue** point of view

poisson *m.* fish

poitrine *f.* chest

poli *adj.* polite

policier *adj.* pertaining to the police; *m.* police officer

politesse *f.* good manners

pomme (*f.*) **de terre** potato

portable *m.* cell phone; *adj.:* **téléphone** (*m.*) **portable** cell phone

porte *f.* door

porter to wear; **porter bonheur à** to bring (*s.o.*) luck; **son regard se porte sur** he/she looks toward

portrait *m.* portrait; **faire le portrait de** to draw (up) a portrait of

poser to put (down), place; to rest, lie; **poser des limites** to set limits; **poser problème** to pose a problem; **poser une question** to ask a question

poste *m.* position, employment

potage *m.* soup

pote *m., fam.* buddy, friend

potelé *adj.* chubby

poulet *m.* chicken

pour *prep.* for; in order to

pourquoi *adv., conj.* why

pourtant *adv.* however, nevertheless, still

pousser to push; **se pousser légèrement** to move over slightly

poutres (*f. pl.*) **apparentes** exposed beams

pouvoir *irreg.* to be able to; can

pratique *adj.* practical

pratiquer to play (sport)
précédent *adj.* preceding; **la semaine précédente** the week before
précieux/euse *adj.* precious; valuable; **Réserve précieuse** Rare Book Department
se précipiter to rush, hurry
précis *adj.* precise, exact
préciser to specify
préférer to prefer, like better
préjugé *m.* prejudice
premier/ière *adj.* first
prendre *irreg.* to take; to have (meal, food); **prendre de la distance** to move away; **se prendre la tête** to worry
prénom *m.* first name
se préoccuper (de) to concern oneself, worry (about)
prépa *f., fam.* preparatory course
présenter to present, introduce; **se présenter** to report
presque *adv.* almost
pressé *adj.* in a hurry, rushed
se presser to hurry, rush; to crowd
prêt *adj.* ready
prétendre to claim
prétendu *adj.* alleged, bogus
prétexte *m.* excuse
preuve *f.* proof
prévenir *irreg.* to alert; to warn
prévisible *adj.* that could have been foreseen
prévoyant *adj.* having foresight
prévu *adj.* planned, specified
principe *m.* principle
printemps *m.* spring
privé *adj.* private
prix *m.* price
procès *m.* trial
prochain *adj.* next
proche *adj., adv.* nearby, close; **proche de** *prep.* near, close to

produit *m.* product; produce
profond *adj.* deep
proie *f.* prey
projet *m.* plan
se promener to walk, go for a walk
promettre *irreg.* to promise
proposer to propose, offer, suggest
propre *adj.* own; clean
propriétaire *m., f.* owner; landlord
protéger to protect
protestation *f.* declaration
provincial *adj.* like a small town
provocateur/trice *adj.* provocative
publicitaire *adj.* advertising
publicité *f.* ad
puce: marché (*m.*) **aux puces** flea market
puis *adv.* then, next
puisque *conj.* since
puissant *adj.* powerful

quand *adv., conj.* when
quartier *m.* quarter, neighborhood
quel(le)(s) *interr. adj.* which, what; what a
quelque(s) *adj.* some, any; a few; **quelque chose (de)** *pron.* something
quelqu'un *pron.* someone; **quelqu'un d'autre** someone else
querelle *f.* quarrel
queue *f.* line (of people); **faire la queue** to wait in line
quinze fifteen; **quinze jours** two weeks
quitter to leave
quoi *pron.* what

raccrocher to hang up
racine *f.* root
raconter to tell, relate
raisin (*m.*) **sec** raisin
raison *f.* reason; **avoir raison** to be right

ramasser   to gather
randonnée   f. hike
ranger   to put away; to put back in its place
rappeler   to call back; to remind
rapporter   to bring back
rapport   m.: rapport de forces show of strength; bien sous tous rapports perfect in every way
rassemblé   adj. gathered
rassurant   adj. reassuring
rassuré   adj. reassured
se rassurer   to set one's mind at ease
rat (m.) de bibliothèque   library buff
rayon   m. department (in a store)
rayonnages   m. pl. stacks
réac   fam. reactionary (s.o. who opposes progress and equality)
réagir   to react
réaliser   to carry out, fulfill; to create; to produce (a movie)
réapparaître   irreg. to reappear
récemment   adv. recently
recevoir   irreg. to receive
recherche   f. search; recherches research
rechercher   to look for
récit   m. narrative, account
récompense   f. reward
recomposer   to redial; son visage se recompose her features are again composed
réconfortant   adj. comforting
reconnaître   irreg. to recognize
redevenir   irreg. to become again
rédiger   to compose; to write
refaire   irreg. to do over
refermer   to close
réfléchir   to reflect (upon); to think (about)
refroidir   to get cold
se régaler   to treat oneself

regard   m. look, glance, gaze; expression
regarder   to look, look at; to watch
régime   m. diet
règle   f. rule
règlement   m. rules, regulations
se réjouir   to take delight; to be delighted
relation   f. relation; relationship
relire   irreg. to reread
rembourser   to reimburse; to pay back
remettre   irreg. to put back
remonter   to get back on
remplir   to fill; to fill out
rencontre   f. meeting, encounter
rencontrer   to meet, encounter
rendre   to make, render; il n'a pas de comptes à me rendre he doesn't owe me any explanations; se rendre compte to realize
se renforcer   to be reinforced
renoncer à   to forego; to give up on the idea of
rénové   adj. renovated
rentrer   to return, come home
renvoyer   irreg. to send in
repartir   irreg. to go back
repas   m. meal
repeint   adj. repainted
répéter   to repeat
répondeur   m. answering machine
répondre   to answer; to respond
réponse   f. answer; response
se reposer   to rest
repousser   to push away
reprocher   to reproach; to begrudge
requin   m. shark
résoudre   to resolve
ressentir   to feel
rester   to stay, remain
résumé   m. summary
se résumer   to be summed up
rétablir   to reestablish

retard *m.* delay; **en retard** late; **prendre du retard** to get behind schedule

retour *m.* return; **par retour du courrier** by return mail

retourner to go back, return; **se retourner** to turn around

retracer to recount

retraite *f.:* **en retraite** retired

retraité(e) *m., f.* retiree

retrouver to find (again); **se retrouver** to find oneself

réunion *f.* meeting

réunir to collect, gather together

réussir to succeed; to pass (an exam)

rêve *m.* dream

se réveiller to wake up

révélateur/trice *adj.* revealing

révéler to reveal

revenir to come back

revenu *m.* income

rêver to dream

réviser to review, revise

révision *f.* review, revising

revoir: au revoir *interj.* good-bye

révolté *adj.* disgusted

rez-de-chaussée *m.* ground floor

richesse *f.* richness, wealth

ride *f.* wrinkle

rien *adv.* nothing; **ne... rien** nothing; **rien du tout** nothing at all

rigoler to joke, kid

ringard *adj., fam.* outdated

rire *irreg.* to laugh; *m.* laugh; laughter

riz *m.* rice

robe *f.* dress

roller *m.* in-line skate

romain *adj.* Roman

roman *m.* novel

rond *adj.* round; **tourner en rond** to go round in circles

ronron *m., fam.* hum, whir

rose *adj.* pink

rosier *m.* rosebush

rouge *adj.* red; **liste** (*f.*) **rouge** list of unlisted numbers; **rouge** (*m.*) **à lèvres** lipstick

rouler to travel, drive

Roumain(e) *m., f.* Romanian (person)

route *f.* road

roux (rousse) *adj.,* red-haired; *m., f.* redhead

rue *f.* street

rupture *f.* breakup

rythmer to give a certain rhythm to; to punctuate

sable *m.* sand

sac *m.* bag; handbag

sacré *adj., fam.* damn; **sacré culot** *fam.* bloody nerve

sage *adj.* well-behaved

sain *adj.* healthy; **sain et sauf** safe and sound

saisir to take hold of

salade *f.* salad; **la beauté ne se mange pas en salade** looks aren't everything

sale *adj.* dirty

salé *adj.* salty

saleté *f.* dirt

salle *f.* room; **salle de bains** bathroom; **salle de lecture** reading room

salon *m.* living room

saluer to greet

salut *m.* greeting; *interj.* hi

samedi *m.* Saturday

sang *m.* blood

sans *prep.* without; **sans cesse** constantly; **sans doute** no doubt, probably; **sans efforts** effortlessly; **sans merci** merciless

sauf *adj.:* **sain et sauf** safe and sound

sauter to jump
sauvage *adj.* wild
sauvé *adj.* saved
sauvetage *m.* rescue
sauveteur *m.* rescuer
savoir to know
scientifique *m., f.* scientist
sec (sèche) *adj.* dry; **raisin sec** raisin
séduit *adj.* fascinated
sel *m.* salt
semaine *f.* week
semblant: faire semblant to pretend
sembler to seem
séminaire *m.* seminar
sens *m.* sense; meaning
sensible *adj.* sensitive
sentier *m.* path
sentiment *m.* feeling
sentir *irreg.* to feel; to smell; to smell like
sérieux/euse *adj.* serious; **prendre quelqu'un au sérieux** to take someone seriously
serpent *m.* snake; **serpent à sonnettes** rattlesnake
serrer to squeeze, hug; **serrer la main** to shake hands; **son cœur se serre** his/her heart sinks
serviette *f.* towel
servir *irreg.* to serve; **se servir de** to use
seul *adj.* one; single; alone; only
seulement *adv.* only
sévère *adj.* severe; hard, harsh; strict
siffloter to whistle
signe *m.* sign; **faire signe à** to beckon
silencieux/euse *adj.* silent
singe *m.* monkey
sinon *conj.* if not, or else

ski *m.* skiing; **faire du ski** to go skiing
skier to ski
sœur *f.* sister; **âme (*f.*) sœur** soul mate
soigneusement *adv.* carefully
soir *m.* evening; **ce soir** tonight; **le soir** in the evening; **tous les soirs** every night
soirée *f.* evening; party
solaire: crème (*f.*) solaire suntan lotion
soldat *m.* soldier
solder to discount
soleil *m.* sun
solennel(le) *adj.* solemn
solidaire *adj.* loyal
sombre *adj.* dark
somme *f.* sum
sommeil *m.* sleep; **avoir sommeil** to be sleepy
sonner to ring
sonnette: serpent (*m.*) à sonnettes rattlesnake
sortie *f.* outing, excursion
sortir *irreg.* to go out; to get out; to be released (movie); **sortir du lot** to stand out
souci *m.* worry
soudain *adv.* suddenly
souffle *m.:* **il ne manque pas de souffle** he has some nerve
souffrance *f.* suffering
souffrir *irreg.* to suffer
soulever to raise
souligner to underline
soupçon *m.* suspicion
soupçonner to suspect
soupçonneux/euse *adj.* suspicious
sourcil *m.* eyebrow
sourd *adj.* deaf
souriant *adj.* smiling
sourire *irreg.* to smile; *m.* smile

sous *prep.* under; below; **sous la neige** in the (falling) snow; **sous le soleil** in the sun; **sous mes yeux** in front of my eyes

sous-marin *m.* submarine

souterrain *m.* underground passage

souvenir *m.* memory

se souvenir de *irreg.* to remember

souvent *adj.* often

spécificités *f. pl.* specifics

sportif/ve *m., f.* athlete; *adj.* athletic

star *f.* movie star

station (*f.*) **de ski** ski resort

stocker to store

stratège *m., f.* strategist

stupéfait *adj.* amazed, dumbfounded

succès *m.* success; **avoir du succès** to succeed; **succès fou** big hit

sucre *m.* sugar; **canne** (*f.*) **à sucre** sugarcane

sud *m.* south

suffire *irreg.* to suffice, be enough

suggérer to suggest

suisse *adj.* Swiss; **Suisse** *m., f.* Swiss (person)

suite *f.* rest (of the story)

suivant *adj.* following

suivre *irreg.* to follow

Sup de Co *fam.* École Supérieure de Commerce (business school)

superposer to put one on top of the other; **se superposer** to be superimposed

supporter to stand, tolerate

sur *prep.* on; about; on top of **un soir sur deux** every other night

sûr *adj.* sure, certain; **bien sûr** of course; **sûr de lui** sure of himself

surnom *m.* nickname

surprenant *adj.* surprising

surprendre *irreg.* to surprise

sursis: avec sursis suspended (sentence)

surtout *adv.* especially, above all

suspect *adj.* suspicious

sympa *adj., fam.* nice, friendly

tablier *m.* apron

tache *f.* stain

taille *f.* waist; height; size

tajine *m.* Moroccan stew

tambour *m.* drum

tant *adv.* so, so much; **tant de** so much, so many

tapis *m.* rug

tard *adv.* late

tartine (*f.*) **beurrée** slice of bread and butter

tasse *f.* cup

tatouage *m.* tatoo

te *pron.* you

tel(le) *adj.* such a

se téléscoper to overlap one another

tellement *adv.* so

témoignage *m.* testimonial

témoigner to give a testimonial

temps *m.* time; weather; **dans l'air du temps** sign of the times; **de temps en temps** from time to time; **il fait un temps magnifique** the weather is magnificent

tendre *adj.* tender; affectionate

tentation *f.* temptation

tenter to tempt

tenue *f.* clothes

terminer to finish

terrasse *f.* sidewalk area of café

terre *f.* earth; **par terre** on the floor, on the ground; **pomme** (*f.*) **de terre** potato

tête *f.* head; **se prendre la tête** to worry

thon *m.* tuna

tiens *interj.* well, say, hey, gee

timbre *m.* stamp
timide *adj.* shy
tiroir *m.* drawer
titre *m.* title; **gros titre** headline
toi *pron.* you
toile *f.* Web
toit *m.* roof; **toit en paille** thatched roof
tombée (*f.*) **de la nuit** nightfall
tomber to fall; **laisse tomber!** drop it!, let it go!
ton (ta, tes) *adj.* your
ton *m.* tone
se tordre *irreg.* to double over
tort: avoir tort to be wrong
toujours *adv.* always
tour *m.* turn; trick; **chacun son tour** take your turn; **faire un tour** to go for a stroll; **jouer des tours** to play tricks; **tour à tour** by turns
tournure *f.* turn
tout(e) (*pl.* **tous, toutes**) *adj.* all; every; *pron.* all; everything; each; any; **tout** *adv.* wholly, entirely, quite, very, all; **à tout à l'heure** see you soon; **de tous les jours** everyday; **en tout cas** in any case; **rien du tout** nothing at all; **tous deux** both; **tous les jours** every day; **tout à coup** suddenly; **tout à fait** completely; **tout le monde** everyone
traduire *irreg.* to translate
trafic (*m.*) **de drogue** drug trafficking
trait *m.* feature
traiter to treat
traître *m.* traitor
tranquille *adj.* calm
transgresser to break; to disobey
travail (*pl.* **travaux**) *m.* work; job
travailler to work
travers: à travers *prep.* through
traverser to cross

trente thirty
très *adv.* very; very much; **très bien** very well (good)
trésor *m.* treasure
triste *adj.* sad
tristesse *f.* sadness, sorrow
troisième *adj.* third
trôner to have the place of honor
trop *adv.* too, too much; **trop de** too many, too much; **trop nul** *fam.* totally hopeless
troubler to trouble, disturb
trouver to find; to deem; **se trouver** to be located
tuer to kill
turc (turque) *adj.* Turkish
Turquie *f.* Turkey
tutoyer to address *s.o.* as **tu;** to use the **tu** form
type *m.* type, kind; *fam.* guy
tyran *m.* tyrant

un(e) (*pl.* **des**) *art., adj., pron.* one; **les un(e)s... les autres** one . . . the other; some . . . others
uniquement *adv.* only, solely
usage *m.* custom
utile *adj.* useful
utiliser to use

vacances *f. pl.* vacation
vacancier/ère *m., f.* vacationer
vague *f.* wave; *m.:* **avoir les yeux dans le vague** to stare off into space
vaisselle *f.* dishes
valeur *f.* value
valise *f.* suitcase
valoir *irreg.* to be worth; **ça vaut la peine** it's worth the trouble; **il vaut mieux** + *inf.* it's better to
varié *adj.* varied
vélo *m.* bicycle; **faire du vélo** to go bike riding

vendre   to sell
venir   *irreg.* to come; **venir de** to have just (done *s.th.*)
vent   *m.* wind; **sous le vent** leeward
vérifier   to check
véritable   *adj.* true
vérité   *f.* truth
verre   *m.* glass
vers   *prep.* toward; to; about (with time expressions)
vert   *adj.* green
vêtements   *m. pl.* clothes
viande   *f.* meat
vide   *adj.* empty
vie   *f.* life; **la vie en solo** the single life
vieux (vieil, vieille)   *adj.* old
vif (vive)   *adj.* lively; bright
ville   *f.* city; **hôtel** (*m.*) **de ville** city hall
vin   *m.* wine
vingt   twenty
violet(te)   *adj.* purple
visage   *m.* face
vite   *adv.* fast, quickly
vivant   *adj.* alive
vivement   *adv.* suddenly, briskly
vivre   *irreg.* to live; **vive...** *interj.* hurray for . . .

voilà   *prep.* there is/are; *interj.* there!; **et voilà!** *interj.* so there! *interj.* that's it!
voile   *f.* sail; **planche** (*f.*) **à voile** sailboard, windsurfer
voir   *irreg.* to see
voisin(e)   *m., f.* neighbor
voiture   *f.* car
voix   *f.* voice
vol   *m.* theft; flight
voler   to steal; to fly
voleur   *m.* thief
volonté   *f.* will; **à volonté** on demand; **volonté affirmée** strong willed
vouloir   *irreg.* to wish, want; **vouloir dire** to mean
voyageur/euse   *m., f.* traveler
vrai   *adj.* true
vraiment   *adv.* really
vue   *f.* view; sight; **point** (*m.*) **de vue** point of view
vulgaire   *adj.* common

yeux   *m. pl.* eyes; **avoir les yeux dans le vague** to stare off into space; **sous mes yeux** in front of my eyes

zozoter   to lisp

About the Authors

With a DEA in medieval literature, a degree in Teaching French as a Foreign Language, and a CAPES in **Lettres modernes,** *Evelyne Amon* defines herself, not without humor, as a "pure product of the Sorbonne." It is, in fact, in this illustrious institution that she pursued her studies under the direction of some of the world's top specialists in French language and literature.

Instructor and author, *Evelyne Amon* has taught at all levels in the French educational system—**collège, lycée, faculté privée.** For several years she organized a pedagogical training program for teachers of French as a Second Language in Fribourg, Switzerland, for the Minister of Education. She has recently been hired by the **Alliance française** to develop and direct a new training program for their instructors.

Along with her teaching responsibilities, *Evelyne Amon* has also written 70 books for various prestigious French publishing houses, including Larousse, Nathan, Magnard, and Bordas. Among her publications are literary anthologies, method manuals, literary dictionaries, and annotated editions of French classics for *Les Petits classiques* series. In addition to her French publications, *Evelyne Amon* has also been a contributing author for several editions of two McGraw-Hill texts—*Rendez-vous* and *Vis-à-vis*.

Evelyne Amon divides her time between New York and Paris, which provides her with a current perspective on both French and American culture and language.

Dr. Caroline Nash, contributing writer for the *Notes et suggestions aux professeurs* section, is an assistant professor of French and the director of the French Studies program at Louisiana State University, Baton Rouge, which boasts one of the largest French programs in the United States. In addition to her teaching responsibilities state side, **Dr. Nash** also coordinates the LSU summer program in Paris.